KB235423

천년사찰
천년숲길

글 · 사진　여태동

천년사찰
천년숲길

불교 전문기자가 풀어내는 걷기명상 에세이

클리어마인드
CLEARMIND

길을 걷는 내내 나는 자유인이었고,
글을 쓰는 내내 나는 행복했다.

지난 30여 년 동안 줄곧 사찰을 다녔다. 오래된 사찰 숲길을 걸을 때는 마음 한켠에서 서늘한 바람이 불었다. 천 년이 넘은 역사를 가진 사찰과 숲길은 더욱 그랬다.

사람에 대한 그리움도 생겼다. 월정사 전나무 숲을 걸을 때는, 마흔여섯이라는 짧은 세연(世緣)으로 서울 수국사에서 홀연히 입적한 일지 스님과 나눴던 이야기들이 떠올랐다. 스님이 내게 전해 준 화두가 월정사 전나무 숲길 처처에 쌓여 있었다.

"세상의 수많은 일상이 차에 실려 다니는 이즈음, 우리는 걷지 않는다. 이제 우리는 길을 걷는 자만이 누릴 수 있는 풍경의 고독을 잊어버린 것이다. 수령 수백 년생의 전나무들이 그들만의 우주를 이루고 있다. 저 나무들은 아주 작은 씨앗에서 어린 나무로 자라나고 마침내 저렇게 장대한 숲의 바다를 이룬 것이다. 저 나무들은 수백 년 간 월정사를 드나드는 나그네들이 오고 가는 모습과 삶에 대한 인간들의 정열이 얼마나 허망하게 사그라드는지를 묵묵히 바라보았을 것이다. 인세(人

世)의 영고성쇠를 무심히 바라보는 자연 앞에서 우리는 더 큰 침묵을 배워야 함을 실감하게 된다. 저 나무들은 소세계(小世界)의 영악함을 배우고 성공주의자가 되어 버린 사람들에게 오대산의 겨울바람이 되어 인생은 조만간 대가를 치르지 않으면 안 될 가혹한 채권자와도 같은 것임을 나직하게 일러 줄 것이다."

천년사찰 천년숲길을 걸으며 수많은 사람들의 수런거리는 소리를, 겹겹의 세월 속에 담긴 그 사연들을 우물에 마중물을 부어 끌어올리듯 퍼 올려 모았다.

길을 걷는 내내 나는 자유인이었고,
글을 쓰는 내내 나는 행복했다.

2012년 여름이 오는 꽃우물(花井) 서재에서

여태동 두 손 모음

여름길 Summer Forest

겨울길 Winter Forest

봄길

Spring Forest

강진 백련사 — 동백숲길

순천 송광사 — 징검다리길

구례 구층암 — 대숲길

양주 석굴암 — 봄꽃길

동해 삼화사 — 삼림욕길

인제 봉정암 — 내설악길

동백숲길

겨 울 동 백 숲 푸 르 더 니
이 내 붉 은 꽃 이 피 어 나 다

차가운 바람에도 꽃망울을 터트리는 열정. 봄의 전령사보다 더 이른 시간에 주체할 수 없는 뜨거움을 온몸으로 토해낸다. 아름다움은 사시사철 마음속에서도 시들지 않는다. 그 어떤 잎보다 푸르고, 그 어떤 꽃보다 붉은 동백꽃은 한없는 정열을 머금고 있다.

강진 백련사에서 봄 구경을 하는 사람이라면 동백꽃에 감응돼 누구나 동백과 관련된 추억을 하나씩 만들어 갈 것이 틀림없다. 봄볕이 완연하더니 며칠 사이에 변덕을 부린다. 백련사행 길에는 기어이 봄비가 주룩주룩 따른다. 봄을 시샘하는 비가 아니다. 봄을 윤택하고 풍성하게 해 주는 비다. 곡우(穀雨) 전에 내리는 비라 백련사 인근 지천에 심어 놓은 녹차의 성장에도 큰 도움이 될 것이다. 어찌 보면 봄비는 만물이 소생하는 감로수이리라.

봄비 소리가 온 대지에 가득하더니 이내 반사되어 내 귀에 들어온다. 후두두둑……. 달리는 도로의 공기마저도 콧바람을 일으킨다. 애써 동백 숲을 만나기 위해 나선 길은 호사스럽기조차 하다.

길을 찾아 나서는 일은 참 즐겁다. 인류가 생겨날 때부터 함께 만들어졌을 길, 사람의 냄새를 쫓아가는 그 자체다. 수많은 길이 만들어졌다. 길의 역사와 인간의 역사는 운명을 같이한다. 가 보지 않은 길을 처음 걷는 자의 비장함을 어찌 말로 다할 수 있을까? 길이 감추고 있는 무한변수의 위험이 도사리고 있을 테니 말이다. 하지만 누군가는 그 길을 맨 처음 갔고, 그 흔적을 보고 다음 사람이 길을 갔다. 세 번째 사람도 가고, 네 번째 사람도 갔다. 그래서 처음 길 아닌 길이 되었다. 아주 위험하고 주관적이었던 길이 객관적이고 보편타당한 길이 되었다.

주관이 객관으로, 추상이 사실로, 불확실이 확실의 길이 되었다. 한참 뒤에는 그 길이 보편타당한 길이 되어 후세에 남았다. 백 년이 지나고 천 년이 지나면서 길은 시대를 비추는 살아있는 역사가 되었다.

동백 숲을 찾아 간 백련사. 이곳에서는 출발 직후부터 내린 비의 흔적을 찾을 수 없다. 거짓말처럼 투명한 일상이다. 뽀얀 흙길이 길손을 반긴다. 마사토가 바스라지는 소리가 경쾌하게 들린다. 언젠가부터 사라져 버린 흙길에 대한 그리움이 있었는데 큰 위안이 된다. 예전에는 이런 흙길이 장마나 집중호우로 자주 유실되기도 했다. 하지만 유실되면 다시 이어 주는 것이 길의 역사다.

대웅전 좌측에서 시작되는 강진 백련사의 동백 숲은 국가의 대접을 제대로 받고 있다. 천연기념물 제151호. 이런 이력을 들먹이지 않아도 동백 숲 밖에서부터 압도되는 풍광에 눈이 부신다. 1만여㎡(3,000여 평)에 자리 잡은 수백 년 수령의 동백나무들은 도열하지 않아도 만덕산 기슭의 주인이 되어 있다.

숲은 사시사철 푸르다. 두터운 잎들은 언제나 반짝반짝 빛나는 건강한 아름다움을 방문객들에게 선사한다. 보통 동백꽃은 3월 말에 만개하며 절정을 이룬다. 고즈넉한 숲이 붉게 물들기 시작해 이내 그 꽃이 통째로 떨어진다. 사람들은 철 아닌 철에 처연하게 피었다가 지는 붉은 눈물 같은 동백꽃을 보며 슬픔을 노래한다. 그냥 슬픔이 아니라 '슬픔의 미학'을 통한 카타르시스를 체현하려 한다. 슬픔은 애써 갈무리해 놓아도 저 혼자 퍼져 나가는 습성이 있다. 눈물과 아픔으로 단단히 옹이를 맺은 다음에는 단단한 각질로 변해 가슴 한켠에 아주 오래도록 남

는다. 단순한 슬픔이 아니라 한 단계 더 성숙된 아름다운 슬픔으로 변해 삶의 한 영역을 점령하게 된다.

붉은 눈물처럼 후두둑 떨어진 동백이 법당 한켠 댓돌 위에 숨죽이고 있다. 흐트러진 동백의 모습이 처연하기만 하다. 동백나무가 방문객들에게 붉은 눈물을 선물로 내놓았다. 동백꽃이 나그네의 발길을 붙잡는다. 어서어서 슬픔을 거두고 숲으로 들어오라고. 지금 느끼는 슬픔은 동백의 슬픔이 아니란다. 그저 동백을 바라보는 사람들의 마음이 슬픈 거라고 속삭이고 있다.

숲 속에 드니 숲길 바닥에 흩뿌려져 있는 동백꽃은 마치 아름다움의 주검이 도열하고 있는 듯하다. 마음의 움직임을 어쩔 수가 없는 걸까? 괜히 슬퍼진다. 일체의 자연은 언제나 변하기 마련인데 변하는 모습을 보고 슬퍼하는 인간의 불안정한 상태가 감지된다. 이 흘러가는 알 수 없는 마음의 상태 '이것이 무엇인가〔是甚麼〕.'

떨어진 동백꽃은 그렇게 진리를 설파하고 있다. 나무에 집착하지 말고 툴툴 털어버리라고 말이다. 나무에 매달려 있으면 번뇌와 고뇌가 쌓인다. 그러니 세상 무엇에도 얽매이지 말고 그저 시간의 흐름 속에, 자연이 흘러가는 순리대로 자신을 놓아버리라고……

모든 것이 자연의 한 부분이며, 진리의 한 형태일 뿐이다. 꽃이 피고

꽃이 지는 자연의 법칙이 곧, 진리라고 보여 주고 있다. 저 수많은 동백 꽃들이 자연으로 돌아가는 자연스런 이치를 아무런 불편함 없이 받아들일 수 있는 마음의 평정을 얻을 수 있어야 한다고 다짐하며 한발 한 발 걸어본다. 가슴 벅차게 솟아나는 감동을 보니 아직은 내 마음속에 중생심이 가득한가 보다.

남도의 끝자락에서 만난 동백 숲도 숲이려니와 숲에 사는 사람과의 인연도 지중하다. 90년대 중반 신문사에 일하게 된 인연으로 만난 차인 (茶人) 여연스님이 백련사에 주지로 부임해 있었다. 언젠가는 이 절을 떠날 터이지만 차인이 백련암에 있는 게 너무나 자연스럽다. 누구를 만 나도, 언제 만나도, 인정스런 말로 상대방을 대해 주는 스님은 담백한 녹차와 꼭 닮아 있다. 그래서 차와 스님은 그저 하나로 보인다.

초의차

다산 정약용이 혜장스님에 차를 구걸하듯, 매년 여연스님에게 한 통씩 건네받은 '반야차'의 맛은 뇌리에까지 각인돼 있다. 하여 매년 봄이 되면 스님에게 차를 구걸하는 전화를 한다.

사찰 곳곳에 야생차 밭이 지천인 것을 보면 예로부터 내려오는 차의 전통이 지금도 계승되고 있음을 본다. 여기에다 차계(茶界)의 어른인 여연스님이 계시니 더욱 차향 진한 백련사가 되고 있다. 범해스님의 시를 음미해 보니 요즘 여연스님이 보급하고 있는 떡차(녹차 잎을 발효시켜 끓는 물에 우려먹는 차)의 원류가 백련사가 아닌가 싶다.

동백나무 숲에서 다산초당 가는 산책길에는 야생차가 군락을 이루고 있다. 혜장스님과 다산 정약용은 서로 유학과 불교를 알아가며 아름다운 차 인연을 맺었다. 백련사 옆 다산초당에 기거했던 다산은 백련사에 자주 들러 차를 마시며 마음의 평안을 얻었다.

"나그네는 요즘 차를 탐식하는 사람이 되었으며 겸하여 약으로 삼고 있소. …… 들건대 죽은 뒤 고해의 다리 건너는데 가장 큰 시주는 명산의 고액이 뭉친 차 한 줌 보내 주시는 일이라 하오. 목마르게 바라는 이 염원, 부디 물리치지 마시고 베풀어 주소서."

다산이 혜장스님에게 보낸 '걸명소(乞茗疏)' 편지에 담긴 내용이다. 임금에게 소(疏)를 바치는 심정으로 혜장스님에게 보낸 이 편지에는 차에 대한 다산의 애정과 유머가 물씬 풍겨난다.

동백 숲 속에는 스님의 무덤인 부도도 여럿 있다. 원종형 부도로 보아 연대는 조선시대로 보인다. 이 중에 이름을 또렷하게 찾아 볼 수 있는 부도는 월인당 부도 하나뿐이다. 한 시대를 살다 간 선지식들이지만 무상한 시간의 흐름 속에 누구의 무덤이라는 기록조차 사라지고 없다. 이 부도들은 그저 이름이란 단순한 기록에 불과한 것이며, 시간이 지나면 모두에게 잊혀지는 것이라는 진리를 말해 주고 있다.

강진만이 눈에 들어오는 백련사 만경루에 서 본다. 조선 성종 때 문신이었던 김유(金紐)가 만경루에 올라 쓴 시가 내 마음 같다.

멀리 보이는 푸른 바다 티끌 없는 거울이네
울 옆의 긴대 바람에 소리 내고
난간 앞의 그윽한 꽃 눈 속의 봄이라.

시간을 거꾸로 돌려 창건 당시로 돌아가 본다. 신라 문성왕 당시 길

지를 찾아다니던 무염국사가 뱃길을 따라 강진만 구강포에 다다른다.

"내 이번에는 반드시 좋은 땅을 찾아 부처님 도량을 일구어야 할 터인데……."

걸망을 짊어진 무염국사는 구강포에서 우연히 고개를 들고 만덕산을 바라본다. 순간 만덕산에서 활짝 핀 연꽃이 둘러싸고 있는 곳이 보였다.

"오호라! 내가 그토록 찾던 길지를 찾았어."

무염국사는 이곳에 사찰을 건립하고 '만덕사'라고 이름을 지었다. 연꽃이 피어난 자리에 세운 절이라 연지(蓮池)도 조성했다. 그러나 연지에서는 차가운 물이 쏟아져 나와 연꽃을 좀처럼 피우지 못했다. 하지만 연꽃을 피우는 해에는 어김없이 만덕사에 주석하던 스님이 나라의 국사로 봉해지며 법력을 드높였다. 그중 한 명이 고려시대 원묘국사다.

23세에 승과에 합격한 스님은 1198년 봄, 개경에서 열린 승려대회에 참석해 연단에 올라 단 한 번의 설법으로 수만 명의 청중들을 압도해 버린다. 소위 법계의 고하를 막론하고 모든 승려들이 참석한 무차대법회에서 선지(禪旨)를 만천하에 드러내 보인 셈이다.

이렇게 해서 명성을 얻은 원묘국사는 국사로 추대됐으며 1211년에는 강진으로 내려와 만덕사 옛 절터를 중창해 백련결사를 시작한다. 이에 전국의 수행납자들이 구름같이 모여 들어 염불 독송 참회기도를 하며 무명번뇌를 타파하고자 용맹정진을 했다. 그렇게 수행납자들을 제접하던 스님은 83세가 되던 1245년 가을 어느 날 법상에 올라 "50여 년 산속에서 썩은 이 물건이 오늘 떠나가니 각자 노력해 법을 위해 힘쓰라"고 당부한 뒤 열반에 든다.

사람은 차와 숲을 만들고 차와 숲은 사람에게 은덕을 베푼다. 그 혜택을 받는 사람은 차와 숲을 만들던 사람뿐만 아니라 후대의 사람들에게 이어진다. 숲은 사람들에게 그 넉넉한 마음을 배우라고 무언의 가르침을 던진다.

걷 기 여 행   포 인 트

백련사 걷기는 주차장에서부터 시작된다. 이곳에서 대웅전으로 향하는 길은 두 곳이다. 한 곳은 자동차로 곧장 올라갈 수 있는 자동차 도로이고, 다른 한 곳은 걸어서 올라갈 수 있는 숲길이다.

절 입구 숲길은 잘 정비되어 있지만 옛 정취는 없다. 이 길은 2009년도에 사단법인 생명의 숲 국민운동과 유한킴벌리, 산림청이 주최한 '제10회 아름다운 숲 전국대회'에서 어울림상(장려상)을 받았을 만큼 명성이 높다.

운치와 정취가 묻어나는 길은 대웅전 옆으로 나 있는 동백숲길이다. 이곳에서 시작해 백련숲길을 거쳐 다산초당에 이르는 2km는 동백나무와 참나무류, 차나무가 군락을 이루고 있다. 거대한 숲은 낮에도 어스름하게 그늘이 드리워진다.

숲길 주변에는 1801년 강진으로 유배 온 정약용 선생이 1808년까지 머물면서 《목민심서》 등을 집필한 다산초당(사적 제107호)이 있다. 특히 이 숲길은 대부분이 천연림으로 어우러져 있는데 동백나무들은 다산 정약용 선생이 유배를 와서 심었다고 한다.

동백나무는 근처에 후박나무, 가시나무, 비자나무와 뒤섞여 사계절 변화 없이 한결같은 풍경을 연출한다. 백련사에 가면 반드시 동백숲길을 걷고 백련사 야생차 맛을 봐야 백련사를 다녀왔다고 할 수 있다.

전남 강진군 도암면 만덕리 246번지 만
덕산 중턱에 위치한다. 원래 사찰 이름은
'만덕사'였으며 신라 문성왕 때 무염국
사(801-888)가 창건했다. 고려시대 원묘국
사 요세(了世)스님이 중창했다. 요세스님
(1163-1245)은 1211년(고려 희종 7년)에 이
절을 커다란 규모로 짓고 자신의 법맥을
이곳에 전했다.

백련사는 '白蓮社'라고도 쓰는데, 그것
은 요세스님을 비롯하여 그의 제자인 천
인 원환 천책스님 등이 이곳에서 대대로 백련결사를 성대하게 베푼 데에서
유래됐다. 고려 후기 몽골과 왜구의 침략으로 살육과 눈물로 점철된 고난의
시대에 요세스님은 삶이 피폐해진 민중들을 어루만져 주기 위해 민간 결사
운동을 펼친다.

요세스님의 백련결사는 120년간 고려시대 여덟 명의 국사(원묘국사, 정명국
사, 원환국사, 진정국사, 원조국사, 원혜국사, 진감국사, 목암국사)를 배출하며 번
창했다. 조선시대에도 백련사는 여덟 명의 종사(소요대사, 해운대사, 취여대
사, 화악대사, 설봉대사, 송파대사, 정암대사, 연파대사)를 배출하며 그 역사를 이
어왔다. 백련사에 8국사와 12종사가 나온다고 하였는데 8국사는 고려 때 나
왔으며, 8종사는 조선시대 배출되었으니 앞으로도 네 명의 종사(훌륭한 스
님)가 더 나올 것이라 예견된다.

징검다리길

그 대 징 검 다 리 를 건 너 며
본 성 을 비 춰 보 고 있 는 가

　　나른한 봄날 만물이 소리를 내며 움트기 시작한
다. 우후죽순이라 했던가. 봄비가 내린 후 송광사에서는 겨우내 움츠
렸던 나무들이 '툭툭' 소리를 내며 새순을 내민다.

　　해마다 맞이하는 봄이지만 언제나 같지 않은 봄이다. 올해 맞이하는
봄은 지난해의 봄이 아니다. 새로운 봄이다. 다시 오지 않는 단 한 번뿐
인 봄이다. 어김없이 오는, 그래서 '스스로 그러하다'는 자연(自然)의
봄이지만 설레는 마음은 가눌 길 없다. 쉬 떨어지지 않는 감기 바이러
스처럼 곁을 맴돈다. 이럴 땐 먼 길을 마다하고 남도에 위치한 송광사
로 훌쩍 떠난다.

　　송광사에는 숲길, 바람길, 물길 등 다양한 길이 있다. 사람이 다니는
길만을 길이라 할 수 없다. 사람들은 보이는 것만이 전부라고 생각하지

만 우리가 오감(五感)으로 느끼는 것만이 모두가 아니며 눈에 보이는 것
만이 전부도 아니다.

사람이 다니지 않는 오솔길에는 기어 다니는 동물, 날아다니는 동물
이 다니는 길도 따로 있고, 구석구석 봄 향기를 전해 주는 봄바람이 다
니는 길도 있다. 그 봄바람이 지나가는 길을 따라 걸으면서 사람들은
송광사의 봄을 느낀다. 그 숲길에서 잠시나마 현실의 번잡함을 내려놓
고 지친 마음을 다스린다.

송광사 물길은 운치가 있다. 여느 사찰에서나 볼 수 있는 계곡물이지
만 징검다리를 친구삼아 흐르는 송광사의 물길에는 사람의 손길이 닿
은 자연의 속삭임이 있다. 자연이 만들어 놓은 대략의 길에 인간의 손
길이 닿아 있다. 석축을 쌓고 다리를 놓으면서 인간은 물길에 '아름다

움'을 얹어 놓았다. 쉬지 않고 흘러내리는 물길의 속삭임 속에 마음속 응어리 한 자락을 함께 흘려보낸다.

송광사 입구에서 경내로 향하는 징검다리를 건너는데 문득 '조고각하(照顧脚下)'라는 화두가 떠오른다.

중국 송나라 때 오조 법연선사 밑에 삼불(三佛) 제자가 있었다. 혜근스님과 원오스님과 청원스님이다. 이 세 명의 제자와 오조 법연선사가 멀리 밤길을 갔다가 돌아오는 길에 손에 들고 있던 등불이 세차게 부는 바람에 꺼지고 말았다. 순간 주변이 칠흑같이 어두워 앞뒤를 분간할 수가 없었다.

스승인 법연선사가 세 제자에게 물었다.

"그대들은 지금 어떻게 하겠는가?"

그러자 혜근스님은 "채색 바람이 붉게 물든 노을에 춤춘다〔彩風舞丹宵〕"라고 대답했다. 청원스님은 "쇠 뱀이 옛길을 건너가네〔鐵蛇橫古路〕"라고 대답했다. 마지막으로 원오스님은 "조고각하(照顧脚下)"라고 말했다.

"자신의 발밑을 살펴라〔照顧脚下〕."

이 간결하고 냉혹한 한 마디는 '바로 지금 여기서 자기 일을 통해 문제를 제시하고 해결하라'는 뜻을 담고 있다. 스승 법연선사가 묻는 이야기에 대한 적확한 답이었다. 송나라 때의 선은 너무 관념적으로 흘러 입으로만 하는 '구두선(口頭禪)'으로 흘러갔다. 그 세태에 대해 원오스님의 답변은 청천벽력과도 같은 통쾌한 일갈(一喝)이었다.

다리를 건너 송광사 율원인 비니원에 다다른다. 스님들이 모여 경전

을 공부하는 모양이다. 마루 아래 가지런히 수십 켤레의 고무신이 놓여 있다. 각자 자신의 발밑을 살피는 '조고각하(照顧脚下)'를 잘하는 듯하다. 조고각하는 비단 이런 신발을 가지런히 정리하는 것만을 의미하지 않는다. 엄격하지만 절제 있는 수행생활을 통해 빚어내는 청정한 규범을 지키는 뜻도 포함돼 있다.

경문을 읽는 스님들의 낭랑한 목소리가 바람을 타고 조계산 봄꽃에 스며든다. 살랑살랑 부는 바람은 산죽길 아름드리나무에도 스며든다.

매일 자신의 삶 전체를 살피고 돌아보는 수행자들의 조고각하 하는 모습이 완연하다. 이것이 수행이 아니겠는가? 수행은 말 그대로 '닦는다'는 말이다. 그러면

무엇을 닦아야 할까? 어디선가 "행(行)을 닦습니다"라고 답한다. 행이란 우리의 행동이나 행위를 말한다. 불교에서는 업(業)이라고 한다. 행위가 업이다.

사람의 행위는 몸으로 짓는 행위, 입으로 짓는 행위, 마음으로 짓는 행위의 세 가지가 있다. 몸으로 짓는 행위는 세 가지로 죽이는 것, 도둑질하는 것, 삿된 음행이다. 입으로 짓는 업은 네 가지로 거짓말, 꾸밈말, 이간질, 험한 악담이다. 마음으로 짓는 업도 세 가지인데 지나친 욕심, 화냄, 어리석음이다. 이 열 가지 행위가 사람이 짓는 업이다.

이것을 닦는다 해서 수행이라 한다. 착한 마음으로 닦으면 십선(十善)이 되고, 나쁜 마음으로 닦지 못하면 십악(十惡)이 된다. 조고각하, 진정한 자기수행은 자기 내면에서 일어나는 욕구 욕망을 잘 다스려야 한다.

이를 잘 다스린 선지식들이 송광사의 고승들이었다. 송광사의 유래도 이들 선지식들과 무관하지 않다. '송광(松廣)'은 18명의 큰스님들이 나와서 부처님의 가르침을 널리 펼 절이라는 뜻이다. 즉 '송(松)'은 '十八(木)+公'을 가리키는 글자로 18명의 큰스님을 뜻하고, '광(廣)'은 불법을 널리 펴는 것을 가리켜서 18명의 큰스님들이 나서 불법을 크게 펼 절이라는 뜻이다.

보조국사 지눌스님도 연관되어 있다. 스님이 정혜결사를 결행하기 위해 터를 잡을 때 모후산에서 나무로 깎은 솔개를 날렸더니 지금의 국사전 뒷등에 떨어져 앉았다. 그래서 그 뒷등의 이름을 치락대(솔개가 내려앉은 대)라 불렀다 한다. 이 전설을 토대로 육당 최남선은 '송광'의 뜻을 솔갱이(솔개의 사투리)라 하여 송광사를 솔갱이 절이라 풀었다.

　18명의 고승을 배출한 송광사는 요즘도 훌륭한 스님들을 많이 배출하는 승보사찰이라 조고각하의 면모가 두드러진다. 지금까지 송광사에는 16명의 고승들이 국사로 배출되었으니 아직 2명의 국사가 배출되지 않은 셈이다. 그 중 한 명이 우리 시대의 무소유를 실천하고 살다 간 법정스님은 아니었을까 상상해 본다. 법정스님은 국사로 지칭해도 손색이 없을 정도로 온 국민의 마음속에 자리하고 있지 않는가? '무소유'의 정신을 일깨워 준 우리 시대의 참스승이었으니 말이다.

　조고각하는 시간과 장소를 두지 않는다. 밀폐된 공간에서조차 자신을 비춰보는 조고각하의 수행을 한다. 송광사 율원인 비니원 화장실에 걸린 '입측오주(入厠五呪)'가 현재도 조고각하의 수행이 유효함을 증명한다. 화장실에서 변을 보는 일까지 의례로 여기는 불교수행자들. 그 치열한 구도정신이 경건하기조차 하다.

　인간의 식욕 배출구로 여겨져, 지저분하고 추함을 상징하는 '화장실'에 대해 불교에서는 일반 통념과는 대별되는 사고를 하고 있다. 한 발짝 나아가 '수행의 한 방편'으로 삼는 '입측의례(入厠儀禮)'다.

　절집에서는 '화장실'이라는 말을 사용하지 않고 '근심을 푸는 장소'라는 뜻으로 '해우소(解憂所)'라 부른다. '깨끗한 복도'라는 의미에서 '정랑(淨廊)'이라고도 불리는 해우소는 본체와 멀리 떨어진 우리나라 일반의 가옥 구조와는 달리 사원에서는 외진 곳이 아닌 청결한 장소를 지칭하면서 '청결한 회랑'의 일부분으로 간주되기도 한다.

　해우소는 절집에서 스님들이 기거하는 승당(僧堂), 목욕을 하는 장소인 욕실(浴室)과 더불어 삼묵당(三默堂)이라고 불렀다. 그래서 본체와 늘

가까운 곳에 배치되기도 한다. 곧 해우소는 일체의 언행을 삼가고 침묵으로써 자신을 반조하는 장소로 여겨지는 신성한 곳이었다.

초기 계율서인 《사분율》에는 부처님이 출가한 비구스님들에게 해우소에서의 예법을 제시하는 '변측법(便厠法)'이 있었다. 대략적인 내용은 "해우소에 갈 때는 풀(휴지 대용의 풀)을 가지고 가고, 해우소에서는 손가락을 튕기든지, 기침을 하여 사람이나 사람이 아닌 무리가 알게 하고, 물그릇에 물을 부어 손을 씻고, 다음 사람을 위해 그 만큼 남겨 두어야 한다."는 것이다.

해우소의 법도는 수행방편으로 연결된다. 중국의 청규에는 "(해우소에 가는 자는) 모름지기 입측(入厠)·세정(洗淨) 등 진언을 외우라. 옛 문헌에 이르되, 이 주(呪)를 염하지 않으면 혹 대해(大海)의 물로 금강의

세계를 다 씻는다 해도 깨끗이 하지 못할 것이요, 가사를 착용하거나 경을 볼 수 없을 것이다."라고 명시하고 있다.

이러한 규범에 따라 현재 우리나라 전국의 사찰 선원(禪院)과 총림(叢林, 강원과 율원을 갖춘 큰 사찰)에서는 해우소에 들어갈 때 외우는 진언인 입측오주(入厠五呪)를 행하고 있다.

화장실에 들어가 편하게 앉아서는 입측진언(入厠眞言)으로 '옴 하로다야 사바하(세 번)'를 외운다. 그 의미는 "버리고 또 버리니 큰 기쁨일세 / 탐진치 어둔 마음 이같이 버려 / 한 조각 구름 마저 없어졌을 때 / 서쪽에 둥근 달빛 미소 지으리"이다. 여기에 대소변을

보면서는 "오직 원하옵건대, 모든 중생들 탐진치 삼독을 버리고 죄업을 맑혀 제거케 하여지이다"라는 진언을 외운다.

용변을 보고 난 뒤 왼손으로 뒷물을 하면서는 세정진언(洗淨眞言)으로 '옴 하나마리제 사바하(세 번)'를 외운다. 그 의미는 "비워서 청정함은 최상의 행복 / 꿈 같은 세상살이 바로 보는 길 / 온 세상 사랑하는 나의 이웃들 / 청정한 저 국토에 어서 갑시다."이다.

다시 손을 씻으면서는 세수진언(洗手眞言)으로 '옴 주가라야 사바하(세 번)'를 외운다. 그 의미는 "활활 타는 불길 물로 꺼진다 / 타는 눈 타는 경계 타는 이 마음 / 맑고도 시원스런 부처님 감로 / 화택을 건너뛰는 오직 한 방편"이다.

다시 더러움을 몽땅 버리고 난 뒤에는 거예진언(去穢眞言)으로 '옴 시리예바혜 사바하(세 번)'를 외운다. 그 의미는 "더러움 씻어내듯 번뇌도 씻자 / 이 마음 맑아지니 평화로움 뿐 / 한 티끌 더러움도 없는 세상이 / 이생을 살아가는 한 가지 소원"이다.

마지막으로 몸을 깨끗하게 하는 정신진언(淨身眞言)으로 '옴 바아라 뇌가닥 사바하(세 번)'를 외운다. 그 의미는 "한 송이 피어나는 연꽃이런가 / 해 뜨는 푸른 바다 숨결을 본다 / 내 몸을 씻고 씻고 이 물마저도 / 유리계 푸른 물결 청정수 되리"이다.

송광사의 청정한 숲은 수행자들의 계율에도 녹아 있다. 자연과 수행자들의 생활모습이 둘이 아니다. 거대한 순환구조로 연결된 그물망이다. 이 거대한 숲을 나오며 나 자신에게 물어 본다.

"행주좌와 어묵동정(行住坐臥 語默動靜, 걷거나 서거나 앉거나 눕거나, 말하거나 말없거나 움직이거나 가만히 있거나)으로 그대 조고각하 하는가? 그리하여 마음의 본성을 비춰보고 있는가?"

걷 기 여 행 포 인 트

일주문에서 경내에 이르는 길은 2km 정도밖에 되지 않는 짧은 길이다. 가람의 배치가 미세하기 때문에 사찰을 걸으며 전각을 관람하는 재미도 쏠쏠하다. 송광사에서의 걷기는 아기자기함에 있다.

입구의 계곡을 따라 모래를 밟는 느낌도 좋고, 돌다리와 수곽을 마주하는 정겨움도 있다. 경내에 들어와서는 샛길로 나 있는 돌징검다리를 건너보시라. 송광사를 가로질러 흐르는 물소리를 들으며 걷노라면 신선이 된 기분이 든다. 다만 이곳저곳 다니다보면 스님들이 수행하는 공간이라 출입 금지 구역이 많으므로 유념해야 한다.

가까운 암자를 찾아 걷는 일도 의미가 있다. 법정스님이 머물렀던 불일암이나 송광사 입구 좌측으로 올라가는 비니원(율원)의 숲길도 답답한 마음을 확 뚫리게 한다. 세 시간 정도의 넉넉한 시간을 투자해 걷는다면 천자암을 권한다. 그곳에는 천연기념물 88호인 쌍향나무가 있고, 그 암자에 주석하고 있는 조계종 원로의원인 활안스님의 카랑카랑한 목소리에서 선사(禪師)의 기개를 느낄 수도 있다.

걷기의 참맛을 느끼려면 송광사에서 선암사에 이르는 조계산 코스를 권한다. 송광사 뒷길을 거쳐 조계산 중턱을 지나 선암사에 이르는 길을 대략 네 시간 정도 잡으면 된다. 그 중간에 보리밥집도 있어 간단한 요기도 가능하다.

전라남도 순천시 송광면 신평리 12번지에 있다. 한국의 삼보(三寶, 불보·법보·승보) 사찰 가운데 승보(僧寶) 사찰로 유서가 매우 깊다. 신라 말기에 혜린선사가 마땅한 절을 찾던 중, 이곳에 이르러 산 이름을 송광산이라 하고 절을 창건했다.

이후 고려시대 때 보조국사 지눌스님이 정혜사를 이곳으로 옮겨와 수선사라 칭하고, 도와 선을 닦기 시작하면서 대찰로 중건했다. 경내에는 이들 16국사의 진영을 봉안한 국사전이 따로 있다. 많은 사찰문화재를 간직하고 있는 사찰로 '목조삼존불감(木彫三尊佛龕, 국보 제42호)' '고려고종제서(高麗高宗制書, 국보 제43호)' '국사전(國師殿, 국보 제56호)' 등 다수가 있다. 선원·강원·율원을 갖춘 조계총림이 있다.

대숲길

차 향 가 득 한 암 자 에

대 숲 바 람 서 걱 대 니…

겨울은 춥다. 손발을 얼게 하고 마음까지 스산하게 만든다. 하지만 겨울은 그냥 겨울이 아니었다. 봄을 준비하기 위한 기다림을 잉태하고 있다. 아무리 세상이 얼어붙을지라도 마냥 겨울은 아닌 것이다. 꽁꽁 얼어붙은 겨울 정중앙에서도 겨울은 겨울이 아님을 설파하고 있다. 모든 것은 변한다는 제행무상(諸行無常)을 증명하며 봄을 향해 달려가고 있다. 그렇게 영원할 것 같던 겨울의 각질은 여리디 여린 봄에게 그 자리를 내준다. 이것이 엄연한 자연의 법칙이다.

여름의 초입을 향해 달리는 늦봄에 겨울이 생각난 것은 지난 것들에 대한 추억 때문이리라. 불교 텔레비전에서 방송하는 '암자'라는 프로그램을 시청하다 구층암을 알게 됐다. 단청도 하지 않은 암자를 100년은 훨씬 넘었음직한 나무가 떠받들고 있는 모습. 그것도 아무런 가공을 하

지 않고 밑동을 베어 낸 자연 그대로를 요사채 기둥으로 들여놓은 모습은 처음 보는 충격적인 아름다움이었다. 자연과 교감하며 어우러진 건축물이라는 상투적인 찬사만으로는 도저히 표현이 부족했다.

그래서 남도의 여유로운 봄을 느끼며 구층암을 찾아 떠났다. 풋풋한 차 향기가 화엄사 대나무 숲에서 스멀스멀 기어 나오는 듯하다. 구층암으로 가는 길 끝에는 대나무 숲이 있다. 숲 사이에는 겨우내 눈과 씨름했을 돌덩이들이 아무렇게나 나뒹굴고 있다. 이리저리 굴러다닌 흔적이 요란한 것을 보면 돌도 피곤한 모양이다. 돌부리에 차이지 않게 요리조리 피해 가파른 길을 올라가니 자그마한 암자가 보인다.

다른 이정표가 없는 것을 보니 분명 구층암이다. 궁금함을 참지 못하

는 성격에 서울에서 이토록 먼 전라남도 구례 땅까지 오게 만들었으니 기어이 모과나무 기둥을 직접 내 눈으로 보아야 성이 찰 것 같다. 한시라도 빨리 보고 싶은 조급함을 감출 길 없다.

조금은 을씨년스러워 보일만큼 파손된 석탑은 처음 구층암을 대하는 길손의 마음을 아리게 한다. 석탑 중앙에 돋을새김으로 조성된 부처님 상에 눈길이 간다. 두툼한 입술에서 풍겨 나오는 투박함은 석불을 조성한 장인의 모습을 꼭 빼닮았음직하다. 기교를 부리지 않아서인지 더욱 친근하게 느껴진다.

구층암은 화엄사에 딸린 부속 암자다. 하여 그 역사는 화엄사에 편입된다. 〈화엄사사적(華嚴寺事蹟)〉과 〈봉성지(鳳城誌)〉에 따르면 신라 경덕왕 때에 "큰 절이 여덟이요 부속 암자가 여든 하나"라 했다. 그 중에 구층암이 들어 있으리라.

화면으로 보던 모습보다 모과나무의 목재는 더 감동적이다. 두 개가 나란히 서 있는 모과나무는 분명 법당 앞에서 자라던 모과나무임이 틀림없었다. 법당 앞에 비슷한 모과나무가 생명력을 뽐내며 싱그러운 자태를 여실하게 보여 주고 있었기 때문이다. 모과나무는 산 자와 죽은 자가 공존하는 '생사일여(生死一如)'의 모습을 연출하고 있었다.

모과나무 예찬

사람도 감히 흉내 내지 못하네
저 심오한 공존의 법칙을.

모과나무를 보는 것도 놀라운데 더욱 놀라운 모습이 하나 더 있다. 암자 입구에서 들어가는 첫 번째 기둥에는 아직도 밑동을 베어낼 때 박혀 있었던 돌이 그대로 남아 있다. 여느 목수 같았으면 나무 밑동을 털털 털어내고 박힌 돌을 망치로 때려 깨부수거나 완력을 써서라도 빼내 버렸을 터인데, 구층암을 지은 장인들은 박힌 돌도 암자의 한 부분으로 남겨 놓았다. 이 얼마나 기발한 발상인가!

모과나무를 마음껏 본다. 눈이 지칠 때까지. 자연이 주는 아름다운 모습을 보면 눈도 쉬이 지치지 않는다. 눈에 넣어도 아프지 않을 듯하다. 한참 모과나무를 보고 나서야 다른 전각들이 눈에 들어온다. 암자 정면에는 천불보전이 주 법당으로 자리하고 있고 그 안에는 석가모니 부처님과 작은 불상 1천 구가 자리하고 있다. 장수를 기원하는 전각인 수세전과 두 채의 요사채도 있다. 천불보전의 지붕 밑에는 민화풍의 거북이와 토끼 조각상이 있는데, 토끼와 거북이 설화가 민화풍으로 묘사

돼 있어 서민적인 분위기가 느껴진다.

암자를 돌아 석탑 주변을 둘러보니 의문이 간다. 수많은 부재들이 쌓여 있는 모습을 보니 과연 석탑이 하나만 있었을까 하는 생각이 든다. 자초지종을 알아보니 현재의 3층석탑 한 기는 1961년 각황전을 중수할 때 구층암 주위 사방에 널려 있는 부재들을 수습하여 세운 것이란다. 옥개석의 받침이 다섯 개인 것으로 보아 석탑의 양식은 신라 말기에서 고려 초기로 보인다.

천불보전 앞의 석등과 배례석 역시 비슷한 연대로 보이며, 현재 화엄사에서 보관하고 있는 고려시대 동종 역시 구층암의 옛 천불전 터에서 발굴된 것이라니 구층암의 천 년 역사가 짐작된다. 하지만 현재의 구층암 모습은 당시의 모습이 아니다. 화엄사는 임진왜란과 정유재란 때 불에 탄 이후 수십 년이 지난 뒤에 다시 지어졌기 때문이다.

1697년에 간행된 〈화엄사사적〉에는 당시 중수되었던 전각이나 암자 이름이 아쉽게도 기록되어 있지 않다. 그러나 그 이전의 기록 중 구층암에 대한 내역은 1487년에 저술된 추강 남효온의 〈지리산일과〉에 보인다.

"신미일. 쌀 다섯 되를 남겨두고 설근과 헤어지다. 밥을 먹은 뒤 초막을 출발하여 연령을 지나 고모당을 올랐다. 오른쪽으로 우번대를 끼고 남쪽으로 내려갔다. 보월, 당굴, 극륜 등의 암자를 지났다. …… 이날 삼십 리를 걸어 봉천사(奉天寺)에 이르렀다. 절은 대숲에 있었으며, 누 앞으로는 긴 시내가 있어 대숲 아래로 소리를 내며 흘렀다. 아름다운 절이로고! 이날 황제가 승하했다는 불우한 소식을 들었다. 주지는 육공이었다. 신축년(1481)에 산에 놀러갔을 때 개성의 감로사에서 본 자였다. 나를 누상에서 접대하고는 선당에 묵게 하였다."

"임신일. 비가 내려 봉천에 머물다. 누상에 앉아 근체시 한 수를 얻었다. …… 밥을 먹은 뒤 내려가 황둔사(黃芚寺)를 둘러보았다. 절의 옛 이름은 화엄(花嚴)으로 명승 연기가 창건한 절이다. 절 양 편으로는 모두 대숲이었다."

남효온은 조선 초 지리산 일대를 답사한 뒤 봉천사나 황둔사와 같은 화엄사 암자들을 둘러보았는데 그 절이 지금의 구층암 인근일 것으로 추정된다. 〈화엄사사적〉지에는 대찰 화엄사가 임진왜란과 정유재란으로 불탔고, 이 과정에서 스님 153명이 전사했다고 한다. 또 절이 불탄 뒤에는 98명의 대덕들이 토굴살이에 의지하며 터를 지켰다고 적고 있다.

큰 절이 여덟이요 암자가 여든 하나였건만, 화엄사는 처참한 연기만이 날렸을 것이다. 하지만 100여 명 스님들의 정진력은 어려운 시기를 극복하고 부처님 성전을 재건해냈다. 역시 "대중이 많으면 못할 일이 없다"는 만고진리는 변함이 없는 듯하다.

구층암은 화엄사의 후미진 대숲 언저리에 자리하는 암자이지만 선원·강원·결사 도량 등으로 쓰인 역사를 간직하고 있다. 모과나무가 떠받치고 있는 구층암 요사채는 세워질 당시부터 선방 내지 강원의 용

도로 건립되었음을 알려준다.

이유는 좌우에 방장실을 두고 가운데에 선방을 둔 구조로서 대중이 모이기에 적합하도록 세웠기 때문이다. 그래서 때로는 선원으로 때로는 강원으로 때로는 결사의 도량으로 쓰였던 것이다. 또 석탑 주변에 수북한 부재들로 볼 때 현재의 3층석탑이 아니라 9층목탑이나 석탑이 있었던 게 아닌가 싶다. 만약 신라 때 세워졌다면 목탑 형식으로 9층이 되었을 것이다. 하지만 세월이 지나면서 마모되었거나 불타 없어진 뒤 후대에는 그 층이 줄어들었을 것으로 추정된다.

한때는 비구니 도량으로 쓰였던 흔적도 있다. 이는 천불전 화단에 세워져 있는 비구니 덕선스님의 공덕비와 비구니 법희스님이 한때 구층암에 머물러 수행했던 이력에서도 확인할 수 있다. 이때가 1941년으로, 이 시기를 전후하여 아마도 일제군국주의 시대의 여파였던 듯 화엄사 전체가 어떤 공적기록물도 남기지 않은 암흑기였다.

1969년부터 1975년까지 도광스님이 화엄사 주지 소임을 맡으면서 봉천암과 구층암에 용맹정진 선원을 개설하였으며, 이에 전국의 제일 납자들이 생사를 내놓고 정진하였다. 그 당시 전강스님이 한 시절 봉천암에 조실로 있기도 하였으며, 일타스님 역시 구층암 선방에 방부를 들이기도 했다.

최근 구층암은 산중 구중심처이기보다 신도들과 관람객들이 수월하게 드나들 수 있는 암자가 됐다. 선원·강원·결사 도량·비구니 도량·용맹정진 도량으로 쓰였던 역사를 거쳤던 만큼, 구층암은 규모는 소박해도 담대한 기상을 가진 암자다. 그래서 오솔길이지만 이 길을 오르내릴 때면 때로는 대중의 경 읽는 소리가 들리고, 때로는 엄준한 장군죽비 소리가 계곡물 소리를 가르는 듯하다. 구층암에서는 차 향기를 소매에 묻히고 자연스럽고, 질박하고, 아담하고, 깨끗하고, 고요한 도량을 사박사박 걸어보길 권한다. 청량한 대숲바람이 걷는 이들의 뒤를 따른다.

현재 구층암 일대는 야생차가 집중적으로 자라고 있다. 넓게는 화엄사 부도밭에서 연기암까지 군데군데 차나무가 야생하고 있다. 최근 구층암 본존요사의 선방은 누구나 차를 마실 수 있는 다실로 변모되었다. 문헌에 화엄사 차밭에 대한 이야기가 나오고 있어 화엄사 야생차를 브랜드화하려는 움직임도 있다.

때마침 구층암은 다실을 개방해 방문하는 이들에게 향긋한 지리산 야생차를 음미할 수 있는 기회를 제공하고 있다. 구층암에 드는 이라면 누구나 마음의 여유가 있는 자유인이 될 수 있다. 일주문을 지나 불이문을 넘으며 세속의 찌든 번뇌를 던져버리자. 묵은 때를 벗어버리듯 홀가분한 마음으로 새털 같은 마음의 창을 하나 만들자.

그 창문으로 들어오는 맑은 공기를 마음껏 마셔라. 그 기분으로 사뿐사뿐 각황전을 오르고, 4사자삼층석탑길을 오르고 다시 맨발로 지리산의 촉감을 느끼며 구층암으로 걸어 들어가 보자. 그러면 구층암 선원에서 용맹정진을 하던 수행자들이 일미(一味)의 말할 수 없는 차향을 전해 줄 것이다.

구층암은 화엄사의 부속 암자다. 구층암을 보기 위해 찾기도 하지만 대찰 화엄사에 있는 다양한 문화재를 볼 겸 구층암을 찾는 게 여러모로 유익하다. 화엄사 주차장에 내려 화엄사를 관람하려면 이곳저곳 다녀보아야 한다. 우선 일주문을 지나 도로를 따라 올라오면서 계곡에 흐르는 물소리를 감상하시라. 이어 사찰 입구를 지나 계단에 다다라서는 거대한 원석을 확인해야 한다. 이 거대한 원석은 몇 년 전 화엄사가 세세생생 후손들에게 남겨놓기 위해 조성한 문화유산이다. 화엄사는 주 법당인 대웅전보다 좌측에 위치한 각황전이 더욱 볼거리다.

각황전을 돌아보고 난 뒤에는 뒤편 계단을 올라 4사자삼층석탑을 둘러보시라. 이어 대웅전 뒷길로 500여 미터를 올라오면 대숲 속에 숨어 있는 듯한 구층암을 만날 수 있다.

구층암을 충분히 거닐었다면 수곽에서 물 한 모금을 마시고 다시 내려가는 우측에 선등선원이 있다. 스님들이 수행하는 안거 기간에는 일반인들의 출입이 철저히 통제되지만 운이 좋으면 '지리산의 여의주'라 불리는 화엄사에서도 가장 기운이 좋다는 선원을 걸어보는 행운도 누릴 수 있다. 시간적 여유가 있다면 화엄사 옆길을 통해 지리산을 오르는 길을 따라 연기암까지 다녀오면 지리산을 좀더 몸으로 느낄 수 있다.

대한불교조계종 제19교구본사인 화엄사의
산내 암자다. 전하는 유물로 보아 신라 말
에 창건된 것으로 보이며, 사찰 이름으로
보아 본래 9층석탑이 있었을 것으로 보인
다. 하지만 파손된 3층석탑만이 외로이 암
자를 지키고 있다.

건물로는 천불보전과 수세전 칠성각 요사
채 등이 있다. 이중 천불보전은 정면 3칸,
측면 3칸의 건물로 석가모니불을 모시고
있으며 뒤에는 토불(土佛) 1천 구가 모셔져
있다. 탱화는 제석탱화가 걸려 있다. 수세
전은 정면 2칸, 측면 1칸의 팔작지붕 건물
로 산신탱화와 칠성탱화가 모셔져 있다. 요
사채는 천불보전 좌우에 있다. 유물로는 동
종과 석등 등이 있다.

—

봄꽃길

노 란 생 강 나 무 꽃 벗 삼 아
북 한 산 둘 레 길 걸 노 라 면…

봄기운은 바람에서부터 감지된다. 겨우내 불어
오던 칼바람이 조금씩 수그러들기 시작한다. 절기를 이기지 못하는 자
연은 춘삼월 봄바람이 불 때가 되면 맹위를 떨치던 찬바람을 거두어들
인다.

'너는 이제 너의 역할을 다 하였느니라!'

암묵적 동의를 한 겨울바람은 어디론가 휑하니 사라진다. 어디로 간
다는 말도 없이. 언제 돌아온다는 말도 없이. 하지만 그 바람은 가을이
지나고 겨울의 혹한이 찾아오는 시기에 어김없이 돌아온다.

서울 삼각산을 등지고 다섯 개의 암봉이 웅장하게 자리한 오봉산도
이런 자연의 이치에서 벗어날 수 없다. 봄을 알리는 요란한 산새소리
사이로 향긋한 봄바람이 분다. 몇 년 전 개방된 북한산 둘레길의 한 부

분인 오봉산길도 봄을 맞이하려는 상춘객들로 붐빈다.

원래는 사찰에 기도하러 가는 신도들에게만 출입을 허락했다. 그래서인지 요즘 이런 점을 악용해 사찰에 간다고 해 놓고 둘레길만 가는 얌체족(?)들이 많다. 둘레길을 출입하려면 최소한 일주일 전에 허락을 받아야 하는데 번거로움이 싫어 이런 거짓말을 하고 드나드는 사람들이 많다. 이로 인해 신도들조차 신도증을 제시해야 하는 검문을 당하기도 한다. 그래도 봄이 오는 소리를 듣기 위해 석굴암 봄꽃길을 가는 행복한 수고로움(?)을 멈출 수는 없다.

새소리 사이에 잦아드는 훈훈한 봄바람은 달콤하다. 살갗에 부닥치는 촉감마저도 보드랍다. 군사보호구역이라 출입증을 지참하고 들어가는 북한산 둘레길에는 진달래가 꽃망울을 머금고 있다. 노란 생강나무는 꽃망울을 막 터트리고 있다. 꿈쩍도 하지 않을 것같이 깊은 동면에 빠져 있던 계곡도 벌써 겨우내 쌓인 눈들을 녹여내 제법 큰물 흘러가는 소리를 보태고 있다.

바람 따라 마음도 살랑거린다. 흙길에 바스락거리는 신발 소리조차 예사롭지 않게 들린다. 저절로 콧노래가 흘러나온다. 봄이 이끄는 마력일 수도 있다. 오봉산 석굴암을 향하는 길은 이처럼 흥겨운 여유로부터 시작된다.

몇 년 전까지만 해도 일반인에게는 허락하지 않았던 군사보호구역이라 호기심마저 발동한다. 예전엔 그저 사찰을 다니는 신도들만 제한적으로 통행증을 받아 드나들던 아주 까다로운 길이었다. 하지만 이제는 북한산 둘레길을 걷고자 하는 사람이 마음만 먹으면 돌아볼 수 있는 쉬운 길이 되었다. 봄바람을 따라 땅을 내딛는 신발 소리가 자연스럽게 어우러지는 길이 되었다.

예전 어느 방송에 이런 퀴즈가 있었다.

"서울 근교에 석굴암이 있다, 없다?"

이 문제는 경주 석굴암과 같이 거대한 감실에 부처님이 근엄하게 앉아 있는 형식의 석굴암이 서울 근교에 있는가를 묻는 질문은 아니었다. 다만 '석굴암'이라는 명칭의 사찰을 일컫고 석굴사원이 있는 곳을 의미했다. 그 후 이곳 오봉산의 거대한 자연석굴 안에 모셔진 나한님의 모

습이 유명세를 탔다. 석굴 속 나한님을 화면으로 본 많은 사람들의 호
기심 어린 발길이 이어지고 있다.

　양주 석굴암은 나한도량으로 유명하다. 나한신앙은 나한님을 믿고
의지해 발원하는 바를 성취하는 불교신앙의 한 방편이다. 나한은 '아
라한'을 줄인 말로 의미하는 바는 '살적(殺賊)·응공(應供)·응진(應眞)'
이다. 살적은 "수행의 적인 모든 번뇌를 항복 받아 없앤다"는 뜻이고,
응공은 "인간과 천상의 공양을 마땅히 받을 만한 자격을 갖췄다"는 뜻
이며, 응진은 "진리에 상응한다"는 의미를 갖고 있다. 우리나라에서는
불교가 전래된 이후 부처님의 제자였던 16명의 나한님이나 500명의 나
한님도 신앙의 대상이 되고 있다.

　한국과 같은 대승불교에서는 초기불교처럼 '아라한과'를 이룬 부처

님의 제자들에 대해 폄하하는 경향이 있었다. ‘혼자만의 깨달음을 얻어 중생들에게 널리 나누지 않는다’고 해서 소승불교라고 부르기도 했다. 하지만 이것은 어디까지나 이념적인 측면이지 나한신앙과 같은 신앙적 측면에서는 달랐다. 나한신앙은 ‘나한전’이라는 전각을 지어 봉안하거나 ‘독성각’에 모시기도 했다.

석굴암은 이런 나한신앙이 설화와 함께 전해지는 유명한 사찰이다. 나한과 연관된 설화는 대개 나한님이 동지 팥죽과 관련된 이야기가 주를 이룬다.

200여 년 전에 석굴암에서 일어났던 일이다. 당시 석굴암에는 노스님과 동자승만 살고 있었다. 추운 겨울 동짓날 오봉산에는 함박눈이 내렸다. 산과 들은 온통 흰눈에 덮여 암자에서는 마을로 내려 갈 수도 없게 돼버렸다. 동자승이 눈을 비비고 일어나 팥죽을 쑤려고 불씨를 찾았다.

“그래도 동짓날인데 부처님과 큰스님께 팥죽공양은 올려야지.”

그런데 큰일이 나고 말았다. 아궁이를 헤집어 보는데 불씨라고는 찾을 수가 없었다. 싸늘한 아궁이로 보아 일찍 불씨가 사그라져 버린 것이 분명했다. 동자승은 노스님의 불호령이 두려워 석굴에 들어가 열심히 기도를 하다가 그만 잠이 들었다.

시간이 얼마나 지났는지도 모르게 자고 난 동자승은 다시 공양실로 갔다. 문을 열고 들어서는 순간 동자승은 꼼짝도 못하고 몸이 굳어져 버렸다. 자신이 부엌에 왔을 때만 해도 싸늘히 식어 있었던 아궁이에서 불이 활활 타오르고 있었기 때문이다.

“이게 웬일이야. 분명 내가 보았을 때는 불이 꺼져 있었는데……”

같은 시각 아랫마을에서도 신비로운 일이 발생했다. 석굴암에서 10여 리나 떨어진 아랫마을 신도인 차씨네 집에서도 팥죽을 쑤고 있었는데 부인 윤씨가 인기척에 부엌문을 열어 보고 깜짝 놀란 것이다.

"에그머니. 이게 누구야."

부인 윤씨는 집 앞에 발가벗은 동자승이 서 있는 모습을 발견했다. 동자승이 간곡한 눈빛으로 말했다.

"오봉산 석굴암에서 불씨를 얻으러 왔습니다."

부인은 마침 끓이던 팥죽과 불씨를 챙겨서 동자승에게 건네주었다. 그러자 동자승은 팥죽을 통째로 들이마시고는 흔적도 없이 홀연히 사라져 버렸다. 부인 윤씨는 자신에게 일어났던 일을 남편 차씨에게 이야기했다. 차씨는 황급히 동자승을 따라 나서 보았지만 눈 위에서는 발자국조차 찾지 못했다.

며칠 뒤 눈이 녹은 뒤 노스님은 마을에 탁발을 나갔다가 차씨 집에 들렀다. 그러자 차씨 부부는 자신들이 겪었던 이야기를 털어놓았다.

"큰스님, 지난번 눈이 많이 내린 동짓날 팥죽을 쑤던 아내가 인기척을 듣고 나가 보니 동자승이 와서 팥죽과 불씨를 드렸는데 잘 받으셨나요."

노스님은 문득 나한님을 생각했다. 스님이 그날 사시마지(점심) 공양을 위해 나한전에 들렀을 때 나한님의 입가에 팥죽이 묻어 있던 모습을 보았던 것이다.

"그래. 나한님이 도움을 주신 것일 거야."

노스님은 절로 돌아와 동자승을 불렀다.

"지난 동짓날에 마을을 내려간 일이 있느냐."

동자승은 말끝을 흐렸다.

"그게, 저……."

노스님이 다그치자 동자승이 사실을 말했다.

"사실은 아궁이에 불이 꺼져서 겁도 나고 해서 나한전에 가서 기도를 하다 잠이 들었습니다. 한참 뒤에 깨어나 공양실에 가보니 아궁이에 불이 활활 타오르면서 솥 안에는 팥죽이 끓고 있었습니다."

노스님은 미소를 지으며 손바닥을 탁 치며 자신에 찬 말을 허공에 뱉었다.

"그래. 나한님이 다녀가신 것이야."

이후 차씨네는 불행한 일 없이 7대째 화목하게 이 마을에서 살고 있다고 한다.

암봉이 즐비한 이곳에 사찰이 위치할 수 있었던 것은 물이 있기 때문이다. 아무리 가물어도 물이 마르지 않는 이 신비한 샘물을 예로부터 '용왕샘'이라 불렀다. 이 물은 지금도 석굴암의 유일한 식수원이다.

그런데 사찰에 부정(不淨)한 일이 생기면 말라버리는 일이 발생하곤 했다. 산 중턱 바위산에 위치한 사찰에서 이런 일이 생기면 낭패다. 더욱 신기한 것은 비가 많이 올 때도 부정한 일을 당하면 물이 고이지 않는다는 것이다.

때는 6·25 전쟁 직후였다. 당시 주지인 초안스님이 석굴암에 움막을 짓고 살 때였다. 큰 병을 앓고 있는 거사가 석굴암에서 요양을 하며 백일기도를 하고 있었다. 당시 주지 초안스님은 "기도 중에 부정한 일

을 하면 절대 안 된다."고 엄명을 내렸다. 그런데 잠시 외출을 했던 그 거사가 돌아오자 샘의 물이 말라버리고 말았다. 초안스님과 함께 초막에서 생활하던 거사가 뭔가를 자꾸 몰래 먹는 것도 목격되곤 했다. 이런 행동은 그가 집을 다녀온 후였다. 거사의 행동을 수상쩍게 여긴 스님은 처음에는 추궁하지 않고 살피기만 했다.

그런데 해괴한 일이 일어났다. 사찰 화주를 담당하고 있던 윤 보살의 꿈에 마른 뱀이 우물 위 허공에서 똬리를 틀고 왔다갔다 했다.

"이게 무슨 이상한 꿈이람. 필시 무슨 일이 있는 것이 분명해."

윤 보살은 자신이 꾼 꿈 이야기를 초안스님에게 전했다. 초안스님은 그 거사를 불렀다.

"거사님은 분명 뭔가를 숨기고 있어요. 빨리 숨기지 말고 낱낱이 이야기해 보세요."

그러자 거사가 이실직고하기 시작

했다.

"사실은 제가 집에 갔을 때 형수가 몸에 좋은 음식이라고 하면서 준 것이 있었는데 그게 뱀을 말린 것이라고 했습니다. 그래서 절에 가져와서 몰래 먹었는데……."

초안스님은 조용히 거사를 타일렀다.

"거사님, 그런 부정한 것을 드시면 몸이 건강해지지 않아요. 그 원혼이 오히려 거사님의 건강을 해칠 겁니다. 그러니 그 음식을 버리시고 절을 내려가 주세요."

절을 내려간 그 거사는 지병이 악화되어 세상을 뜨고 말았다고 전한다.

이런 일이 있은 후에도 석굴암의 우물은 부정한 일이 생기거나 몸가짐이 바르지 못한 신도가 오면 마르는 일이 종종 발생했다. 사람들은 이런 신기한 일을 두고 '나한님이 신통력으로 알아보고 조화를 부리는 것'이라고 입을 모은다.

석굴암을 향해 펼쳐진 숲길은 자연을 오롯이 느낄 수 있는 길이다. 유명세를 치르지 않고, 허락된 사람에게만 개방되었던 탓에 은밀한 신비로움마저 있는 듯하다. 다소 진한 꽃향기에 취해 맑은 숲길을 걸어 올라오면 어느새 가벼워진 몸과 함께 마음의 짐마저 반은 사라진 느낌이다.

숲길이 끝나는 게 아쉬울 즈음 도착한 석굴암에서 바라보는 삼각산의 절경은 감탄사의 연발이다. 눈앞에 펼쳐진 절경을 설명할 수 있는 표현은 찾기 힘들 정도다. 누가 그랬던가, 자연보다 위대한 예술작품

은 없다고. 그 말이 절로 실감나는 풍경에 눈이 부실 뿐이다.

절경에 들뜬 마음을 잠시 가라앉히고 자연석으로 이루어진 석굴에서 소원을 빌어본다. 굳이 불교신자가 아니더라도 척박한 현실에서 애쓰며 살아가는 자신을 위해 마음 한켠을 내어보자. 나한기도를 통해 소원 성취한 사람들의 영험이 곧 내게도 일어날 것만 같아 기분이 좋아진다. 여기에다 용왕샘에서 나오는 감로수로 우려낸 차를 내어 주는 주지 도일스님의 넉넉한 마음은 덤이다. 석굴암으로 가는 길은 그래서 늘 기대감에 두근거린다.

걷 기 여 행   포 인 트

석굴암 4km 전부터 걸을 수 있다. 차량으로 오봉산 석굴암까지 올라갈 수 있으나 자동차로 오면 석굴암에 오는 의미가 그만큼 반감된다. 자동차를 북한산 둘레길 입구에 세워놓고 출입을 허가받아야 출입을 할 수 있다. 조계종 신도증이 있거나 석굴암 신도증이 있으면 용이하겠으나, 그렇지 못할 경우에 대비해 인터넷으로 예약을 해서 들어가는 방법이 안전하고 확실하다. 입구에서 느린 걸음으로 30여 분을 걷다 보면 오랫동안 출입이 제한됐던 북한산 둘레길의 참맛을 음미할 수 있다. 특히 봄에는 진달래와 생강나무가 꽃망울을 터트리고, 일찍 산행을 하면 요란한 산새소리를 들을 수 있다. 계곡에는 들어가지 못하지만 맑은 계곡물을 보는 것만으로도 찌든 마음의 티끌을 씻어 내릴 수 있다.

북한산 오봉산을 걸을 수 있는 석굴암 길은 북한산 둘레길을 지나는 도중에 있다. 둘레길에서 한참 벗어난 오봉산 중턱 암봉 바로 아래에 석굴암이 위치하고 있으니 석굴암을 돌아보기 위해서는 힘든 발품을 파는 수고로움을 지불해야 한다.

북한산 둘레길에서 벗어나 왼쪽으로 향하는 언덕은 가파르다. 이곳은 군사보호구역이면서 군대 유격장 훈련시설이 있기도 하다. 계곡물이 모이는 곳에 물을 막아 수면낙하 훈련을 하는 곳에 큰 공터가 있다. 그 주변에는 밤나무가 많아 늦봄에는 밤꽃향기가 계곡에 가득하다.

가파른 언덕이라 둘레길에서 나온 갈래길은 콘크리트길이다. 간혹 돌부리도 있다. 가파른 경사길을 20여 분 오르다 보면 아름드리 소나무도 만난다. 시야에 오봉산 봉우리들이 들어오고 사찰도 나무 사이로 언뜻언뜻 보이기 때문에 올라가기에 무료하지 않다. 다만 미끄러질 염려가 있는 만큼 등산화나 트레킹화를 반드시 착용해 사고가 나지 않도록 하는 게 좋다.

석굴암은 대웅전과 요사채, 산신각, 나한전이 바위암석 틈 사이에 매달리듯 자리하고 있다. 자연과 어색하지 않게 하나 된 모습이다. 건너편 삼각산(북한산) 북면을 바라보면 연초록 봄빛에 물든 삼각산의 너른 품이 방문객의 찌든 가슴을 말끔하게 씻어 내려 준다. 산과 대지가 어우러진 대자연이 주는 푸근함에 이곳에 오길 정말 잘했다는 생각이 든다.

봄과 가을에는 부정기적으로 이곳에서 산사음악회가 열린다. 그때 만들어지는 환상적인 무대도 상상해 보길 바란다. 석굴인 나한전에 꼭 들러보라는 당부는 거듭해도 모자라다. 사찰 화단을 수놓고 있는 다양한 들꽃을 감상하는 일은 덤이다. 잔잔한 들꽃의 자태가 수수한 미모를 수줍게 자랑하고 있다.

양 주 석 굴 암 은 …

신라 문무왕 때 의상대사가 창건했으며, 고려 공민왕 당시 왕사였던 나옹화상이 3년간 수행 정진했다고 전한다. 이후 오랫동안 역사가 전하지 않는다. 근세에 들어 석굴암을 창건한 초안스님의 은사인 동암스님이 김구 선생의 임시정부를 도와 광복운동을 하면   서 틈틈이 석굴암에서 수행 정진했다. 이후 광복이 됐지만 석굴암은 한국전쟁으로 전각 모두가 불타 없어지고 말았다.

이후 초안스님이 1954년 6월 5일 폐허가 된 석굴암에 와서 아미타불, 지장보살, 나한님과 다라니목판을 소중히 수습하며 사찰을 창건했다. 이때 사찰 주변에서 전사한 무수한 주검들을 수습해 정성껏 장례를 치르면서 천일 영가천도 기도를 시작해 사찰복원이 시작됐다. 자연동굴에 모셔진 나한님의 기도영험은 전국에 널리 알려져 있으며 현재 석굴암에는 젊은 스님인 도일스님이 주지로 부임해 나한도량의 명성을 이어가는 불사를 계속하고 있다.

—

삼림욕길

육 중 한 소 나 무 숲 길 지 나
무 릉 도 원 을 거 닐 다

가피(加被), 문자 그대로 '더할 가(加)'에 '옷 피(被)'이니 '옷을 입는다'는 말이다. 불교에서 사용하는 이 용어는 '부처님이 중생들에게 베푸는 자비심'을 말한다. 그래서 중생들은 자비의 옷을 입을 수 있게 부처님의 가피력을 얻고자 기도한다. 부처님이 베푸는 자비심의 환희를 고대한다.

이 가피력은 비단 부처님으로부터만 받을 수 있는 게 아니다. 불교에서는 부처님 이외에 다른 여러 부처님과 보살님, 나한님까지 중생들에게 자비를 내릴 수 있다. 그 중 가장 중생들에게 인기 있는 존재가 관세음보살님이다.

동해 삼화사 삼림욕길은 관세음보살님의 가피를 받을 수 있는 길이다. 두타산 우측 능선에 자리한 관음암의 기도영험은 이미 유명해진 지

오래고, 관음기도를 하는 불자들에게
는 필수 코스다. 천 개의 손과 천 개의
눈을 가진 존재, 그래서 이 세상 구석
구석 어디든지 다 살피는 자비스런 존
재, 그 관세음보살님의 품에서 중생은
무한가피를 받을 수 있다.

관세음보살님의 가피를 바라는 신앙
은 티베트불교에서 현저하다. 티베트
불교의 중심지인 라싸의 포탈라궁에 가 보면 안다. 그곳에는 관세음보
살님이 상주한다. 티베트인들은 일생을 걸고 순례를 하는데 대개 포탈
라궁 꼬라(궁을 도는 의식)를 마지막으로 순례의 종지부를 찍는다. 마니
차를 돌리며 '옴 마니 파드메 훔'을 염송한다. 온몸을 땅에 대고 자신을
낮추는 오체투지를 한다. 남루한 행색이지만 관세음보살님을 향해 일
념으로 기도하는 모습은 숙연하고 경건하다.

이 순례는 고행의 연속이다. 끝없는 자신과의 싸움이다. 어떤 이는 수
년을 두고, 어떤 이는 10여 년의 기간을 두고, 티베트 전역에서 라싸의
포탈라궁으로 향한다. 그들은 오직 하나, 관세음보살님의 가피를 받아
해탈을 얻고자 기도하고 기도한다. 관세음보살님은 깨달음에 이르게 하
는 안내인이자, 우주를 지배하는 절대자가 되기도 하고, 내 안에 존재하
는 깨달음의 각성체가 된다. 이 세상에 아니 계신 곳이 없다. 나와 내 이
웃에 상주하는 공기와도 같고, 나를 지배하는 그 무엇이 되기도 한다.

나와 내 이웃의 전생과 현생, 내생을 관장하는 절대의 신이다. 그래

서 그들은 평생 동안 '옴 마니 파드메 훔'을 외운다. "천 개의 손과 천 개의 눈을 가진 관세음보살님, 이 무명의 세계에 허덕이는 중생을 제도하여 밝은 세상, 지혜의 눈을 떠서 저 피안의 언덕에 이르게 해 주소서……"라는 간절한 염원의 기도를 한다.

이 관세음보살 신앙은 티베트뿐만 아니라 우리나라 불교에서도 80% 이상을 차지하는 친근한 신앙이다. 가까운 예를 들어 보자. 우리나라 관세음보살님이 상주한다는 불교성지를 보면 안다. 양양 낙산사와 홍련암, 강화 보문사, 남해 보리암, 여수 항일암. 굳이 불교신자가 아니더라도 알 만한 유명세를 톡톡히 치르는 사찰들이다. 이름만 들어도 그 인기도를 실감할 수 있다. 더불어 우리나라 사찰 어디를 가도 관음전을 모시지 않는 곳이 있던가? 관세음보살이 없는 사찰에서 기도를 하는 것은 왠지 허전할 정도다. 전국에 가장 많은 사찰 이름이 관음사가 아닐까 싶다. 그만큼 우리 민족도 관세음보살을 믿는 마음은 굳고 단단하다.

화창한 날씨만큼 만개한 4월 중순의 봄꽃이 마음을 움직인다. 봄꽃향을 따라 훌쩍 떠나온 곳은 동해바다이다. 꽃향기와 구별되는 조금은 비릿하면서 짭조름한 냄새를 맡는 순간 어느새 일상은 기억 저편으로 물러난다. 봄 내음과 바다 향기가 절묘하게 어우러진 그곳에 또 하나의 숲길이 있다. 도회지 생활에서 느껴 보지 못하는 신선함이 가득한 길이다.

넓고 푸른 바다의 마음을 가슴에 담은 뒤 삼화사 무릉계곡에 이르면 또 다른 별천지를 만나게 된다. 예로부터 이곳은 금강산을 닮았다고 해서 '소금강'에 비유될 정도다. 무릉도원에서 따온 이름만 들어봐도 고

개가 절로 끄덕여진다.

직접 맛보지 않고 음식의 맛을 모르듯 천년 산사와 숲길은 직접 가보지 않고서는 느낄 수 없다. 또 매년 갈 때마다 색다른 느낌을 받는다. 삼화사 입구에서 산내 암자인 관음암까지 걷는다. 거리상으로는 아주 가까워 보이지만 걷는 시간은 한 시간이 족히 걸린다.

삼화사 입구는 봄꽃 천지다. 갓 틀어낸 솜처럼 하얗게 피어나는 산 벚꽃이 절정을 이루고 있다. 눈부시게 찬란한 그 광경에 가슴이 저릴 정도다. 봄이 어느새 절정에 달해 있었다. 근처 산채비빔밥 집 관상용

분재에서도 돌단풍이 겨우내 감춰 두었던 저 나름의 꽃망울을 틔웠다.
곁의 금낭화도 봄을 알리는 데 동참했다.

찬란한 이 봄날에 누가 잘 나면 얼마나 잘 났고, 못 나면 얼마나 못
났을까? 이름 있으면 있는 대로 이름 붙여지지 않았으면 또 그 나름대
로 살아있음에 자신의 존재를 봄볕에 드러내고 있거늘. 그 자체가 하나
의 아름다운 세계가 되는 것 아니겠는가.

사람도 마찬가지다. 아무리 잘 났다고 하더라도 이 화창한 날에 도심
의 사무실에서 서류 뭉치를 부여잡고 업무에 몰두하는 이라면 사춘기
소녀의 가슴처럼 들뜬 봄의 기운을 알 리가 없다. 공평하게 준비한 자
연의 선물을 받을 수가 없다. 그저 훌쩍 떠나온 자들 가운데 이 무릉계
곡에 발길을 둔 인연 있는 자들만이 흐드러진 봄기운을 받을 자격이 주
어지는 것 아니겠는가.

아무리 바쁘게 살더라도 계절의 가고 옴을 느낄 수 있는 여유가 필요

하다. 치열하게 삶을 살아가는 것도
좋지만, 언제든 이 세상에 안녕을 고
하는 순간 혹여라도 "당신은 무에 그
리 바쁘게 살았냐?"는 질문을 받는
다면 무슨 대답을 할 것인가?

그래서 나는 바쁜 만사를 뒤로 하
고 떠나왔다. 천 년 역사가 오롯하게
살아 숨 쉬는 숲으로 왔다. 내 자신
에게 봄이 주는 선물을 가득 끌어안

는 행복을 주기 위해. 아주 잘 왔다는 확신을 하면서.

삼화사 입구인 무릉계곡 초입에는 시인 최인희의 시 〈낙조〉가 새겨
진 시비가 숲길의 정취를 대변해 주고 있다.

낙조

소복이 산마루에는 햇빛만 솟아오른 듯이

솔들의 푸른빛이 잠자고 있다

골을 따라 산길로 더듬어 오르면

나와 더불어 벗할 친구도 없고

묵중히 서서 세월 지키는 느티나무랑

운무도 서렸다 녹아진 바위의 아래위로

은은히 흔들며 새어오는 범종소리

백석(白石)이 씻겨가는 시낼랑 뒤로 흘려보내고

고개 넘어 낡은 단청

산문(山門)은 트였는데

천 년 묵은 기왓장도

푸르른 채 어둡나니.

1926년 강원도 동해(북평) 출신의 시인으로, ‘청포도’ 동인으로 활동했고, 《문예》지를 통해 등단해서 강릉여고, 강릉사범학교, 숙명여고 등에서 교편을 잡았다. 1958년 지병으로 33세에 요절했다. 1982년 유족과 지인들에 의해 유고집 《여정백척(旅情百尺)》이 출간되었다.

대략의 이력만 보더라도 구구절절 애절함이 묻어나는 시인이다. 두타산 언저리에서 떨어지는 해를 보며 느꼈을 시인의 감회가 아련히 전해온다.

삼화사를 지나 삼림욕길에 접어든다. 무릉계곡 등산길이지만 이곳에는 육중한 소나무가 숲을 이루고 있는 곳이다. 푯말에 ‘삼림욕길에는 피톤치드가 나오고’ 하는 등등 숲길을 걸으면 이로운 여러 가지 사실을 나열해 놓았다. 그 내용을 꼼꼼히 읽어보지 않더라도 걷다보면 이내 기분이 좋아지고 머리가 상쾌해진다.

산길은 오솔길로 접어들고, 오솔길은 오르막길로 접어든다. 인생이 이러할까? 맨 처음 들어선 큰 길에서는 별로 헤매지 않는다. 그곳에는 안내판도 굵직하게 쓰여 있다. 무엇을 어떻게 해야 하는지를 잘 알 수 있다. 시간이 지나 좀더 좁은 길로 접어들면 앞으로 나아가기 위해선 옆 사람과 경쟁을 해야 한다. 아니 옆 사람을 누르고 올라가야 한다. 그러지 않으면 내가 뒤처진다. 더 시간이 흘러가면 혼자서도 통과하기 어려운 좁은 길을 만나기도 한다.

시련이 시작된다. 숨이 목까지 차오르는 계단을 오른다. 숨소리는 헉헉거리지만 봄볕 산자락에서 만난 바위와 나무, 길은 ‘진공의 공간’처럼 고요하다. 내리쪼이는 따가운 볕에도 아무 불평이 없다. 한마디

로 극도로 절제된 고요함으로 맞은 편 산들을 대하고 있다.

수고로움에는 적절한 보상이 뒤따른다. 가파른 돌계단이 다한 뒤 평평한 공간이 나온다. 아무리 오르막이라 해도 이렇게 잠시 쉬어 갈 틈을 주는 것이 두타산의 배려심이 아닌가 싶다. 온몸에서 흘러내리는 땀이 모조리 노폐물 같다. 길은 혹독한 운동을 시켜 주고 아주 작은 휴식을 몇 번 주더니 관음암에 이르러서는 마침내 명멸하고 만다. 더 이상 갈 길이 없어지자 스스로 소멸해 버린다. 다른 산행길이 있지만 내게는 아무 필요 없는 길이다.

관음암에는 범상치 않은 관세음보살상이 모셔져 있다. 예로부터 영험이 있기로 유명하다. 이 암자는 영동 지역에서 가장 유명한 기도도량 중의 한 곳으로 지금도 사시사철 기도하러 오는 사람들의 발길이 끊이지 않는다. 그중 다음과 같은 대표적인 영험이야기가 전한다.

옛날 삼화사가 위치한 마을 아래에 심씨 성을 가진 청년이 살았다. 이 청년은 얼굴도 잘생기고 마음씨도 고왔다. 효성도 지극해 늙고 병든 홀어머니를 모시고 살았다. 그는 나이가 서른이 다 되도록 장가를 못 들었다. 늙은 어머니의 병간호를 오랫동안 해 오느라 집안이 기울어 동네에 딸 가진 집안에서는 아무도 심씨 청년에게 시집을 보내려고 하지 않았다.

심씨 청년은 삼화사 뒤 두타산과 청옥산에서 약초를 캐서 늙고 병든 홀어머니를 봉양했다. 암자를 지나던 심씨 청년은 자신도 모르게 스님이 염하는 '관세음보살' 정근 소리를 흥얼거리며 다녔다. 숲길을 헤치고 깊은 산중을 다니며 약초를 캘 때도 그는 언제나 입으로 '관세음보살'을 부르며 다녔다.

하루는 심씨 청년이 지조암(관음암)을 지나가면서 정말 관세음보살님을 일념으로 부르면 소원을 성취할 수 있는지 알고 싶어졌다.

심씨 청년은 암자로 찾아가 스님에게 물었다.

"스님, 스님께서는 매일 관세음보살님을 부르시는데 그렇게 하면 소원이 성취되는 겁니까?"

스님은 청년의 질문에 차분하게 답했다.

"만약 당신이 이곳에서 기도를 해서 뜻하는 바를 성취하지 못하면 소승이 그 뜻을 이루도록 해 드릴 것이니 확신을 가지고 기도해 보시지요."

심씨 청년은 그날부터 산에 들어가기 전에 법당에 들러 관세음보살님 앞에 절을 했고 나올 때도 절을 하면서 소원을 빌었다.

"하루빨리 어머님의 병이 쾌차되고 저도 예쁜 색시를 얻어 장가를 가게 해 주세요."

그러던 어느 날 심씨 청년 꿈에 관세음보살님이 나타났다.

"나는 저기 산중 암자 지조암에 사는 관세음보살이오. 이제 청년이 우리 법당에서 기도한 지 백 일이 다 되었으니 소원을 들어 주겠소."

"소원을 들어 주시겠다구요? 관세음보살님. 정말 감사합니다."

관세음보살님은 심씨 청년에게 계시를 내렸다.

"100일 기도가 끝난 다음 날 시장에 나가 보시오. 그곳에 가면 첫 번째 손님으로 예쁜 색시가 올 것이니 그 여인에게 약을 팔면 좋은 일이 생길 것이오. 그 여인이 하자는 대로 계약을 성사시키시오."

꿈을 깨고 나서도 기억이 생생해 청년은 자신이 꾼 꿈이 현실 같았다. 아침이 되자 산에서 캔 약초를 챙겨 시장으로 나갔다. 잠시 앉아 있으니 꿈의 계시대로 다소곳한 여인이 약초를 사러 왔다.

“혹시 이 약초가 저기 두타산에서 캐온 것입니까?”

“예, 그렇소만….”

“사실은 저희 아버님이 위독하신데 의원이 하는 말이 두타산에서 나온 약초를 달여 먹으면 차도가 있을 것이라고 합니다. 염치없지만 제게는 약값이 한 푼도 없습니다.”

하도 딱하게 사정했고, 전날 밤 꿈도 기이해서 심씨 청년은 아무 대가도 받지 않고 약초를 보시했다.

며칠이 지난 뒤 심씨 청년 집의 대문을 흔드는 소리가 들렸다. 방문을 열어보니 며칠 전 약초를 가져갔던 여인과 그녀의 아버지가 서 있었다. 여인의 아버지는 심씨 청년의 손을 잡으며 감사의 말을 전했다.

“당신이 아니었으면 나는 이미 이 세상 사람이 아니었소. 내가 큰 은혜를 입었으니 무엇으로 빚을 갚아야 할지 모르겠소. 보아 하니 나이도 차서 장가갈 때가 된 것 같으니 내 딸과 부부연을 맺으면 어떻겠소?”

혼례를 치른 첫날 밤 청년은 아내에게 그동안 일어난 일을 소상하게 말했다. 그러자 아내가 깜짝 놀라며 말했다.

“저도 사실은 지조암 관세음보살님께 기도를 하고 있었는데 꿈에 나타나 서방님을 찾으라는 계시를 받았습니다.”

두 사람은 깜짝 놀랐다.

“그렇구려. 우리의 부부연을 지조암 관세음보살님이 맺어준 것이 틀림없어요.”

　다음 날 날이 새자 두 사람은 지조암에 올라 지극한 마음으로 감사의 기도를 올렸다. 심씨의 어머니도 그때부터 병이 호전되어 건강한 모습을 되찾았다.

　관음암은 마치 무릉도원 같다. 바위 의자에 앉아 있노라면 신선이 따로 없을 정도다. 구름이 바위 의자를 지나간다. 올라올 때는 시간을 알았지만 관음암에서는 시간을 볼 필요가 없다. 시간에 맞춰 생활할 필요성이 없어져 버린다. 그저 배고프면 밥 먹고 졸리면 잠자도 무방한 구중심처 기도처 같다. 두타산이 감춰 놓은 도량 같지만 그 기도영험에 길은 언제나 사람들의 행렬로 닳아 있다. 고요한 가운데 바쁜 움직임이 있는 정중동(靜中動)이다.

삼화사 주차장에서부터 걸을 수 있다. 대로변 초입에는 호암소라는 곳이 있다. 물길이 깊게 나 있는 이곳은 옛날 도력이 뛰어난 고승이 호랑이가 해치려 하자 이 소(沼)를 훌쩍 뛰어 넘었다. 이를 본 호랑이도 뛰어 넘으려다 소에 빠져 죽었다는 전설이 전한다. 호암소를 거쳐 다리를 건너면 아름드리 소나무가 즐비하다. 삼화사까지 자동차도 왕래하는 길이지만 나름의 운치가 살아 있다.

삼화사 뒤편에서부터 삼림욕길이 시작된다. 이곳에서부터는 큰 호흡을 들이키며 걸어도 좋다. 두타산의 육중한 소나무와 무릉계곡의 물과 바람 소리가 적절히 조화를 이루며 걷는 이의 마음을 상쾌하게 만들어 준다.

20여 분 걷다가 무릉계곡에서 벗어나 관음암 이정표를 따라 40여 분간 가파른 길을 오르내리면 관음암에 이른다. 관음암에 이르는 동안 무릉계곡의 아름다운 능선을 감상할 수 있다. 관음암에서는 바위 의자에도 앉아 보고 한 가지 소원을 성취하게 해 달라고 관세음보살님에게 기도도 해 보시라. 총 거리는 2km가 채 되지 않지만 관음암길은 워낙 험준해서 한 시간은 족히 잡아야 한다. 내려오는 길에는 반드시 삼화사 전통찻집에 들러 맛있는 차 한 잔으로 산행의 피로를 풀어보길 권한다. 창밖으로 펼쳐지는 계곡의 경치도 일품이다.

강원도 동해시 삼화동에 위치한다. 642년(선덕여왕 11) 신라 자장율사가 중국 당나라에서 귀국하여 이곳에 절을 짓고 흑련대라 했다. 864년 범일국사가 절을 다시 지어 삼공암이라 부르다가 고려 태조 때 삼화사로 고쳤다. 조선 임진왜란으로 소실되어 중건하였으며, 1905년 의병이 이곳을 근거지로 활약하다가 1907년 왜병의 공격으로 또다시 소실됐다가 이듬해 중건했다. 1977년 이 일대가 시멘트 공장의 채광지로 들어가자 중대사(中臺寺) 옛터인 무릉계곡의 현재 위치로 이건하였다. 경내에는 신라시대의 철불(보물 제1292호)이 유명하다.

관음암은 삼화사에서 서북쪽으로 1.1km에 위치한 삼화사 부속 암자다. 무릉계곡이 발 아래에 내려다보이는 천혜의 위치에 자리 잡은 이 암자는 고려 태조 때 창건됐다고 전하며, 원래 사찰명은 '지조암'이었으나 1956년 중건되면서 관세음보살님의 영험 가피를 입은 암자라는 의미에서 '관음암'으로 개칭했다.

내설악길

살 아 생 전 꼭 한 번 순 례 해
업 장 을 녹 여 야 할 지 니…

산 전체가 하나의 커다란 도량이다. 대청봉 옆 한 귀퉁이에 자리한 봉정암을 중심으로 설악산 입구 어디나 도량 입구인 일주문이 될 성 싶다. 봉정암을 찾는 사람들은 그냥 암자를 찾는다고 생각하지 않는다. 그곳에는 부처님이 계신다고 믿고 고되고 힘든 길을 꿋꿋이 견디며 간다. 티베트 불자들이 라싸의 포탈라궁에 상주하는 관세음보살님을 친견하기 위해 먼 길을 순례하는 것과 똑같은 마음일 성 싶다. 비록 척박한 땅은 아니지만 내설악이라는 험준한 경사로를 헤치며 가는 길은 분명 순례의 길이다.

인도에 가면 부처님 4대성지를 찾듯이, 봉정암에는 부처님의 진신사리 가운데 뇌사리가 봉안돼 이곳을 찾는 불자들의 발길이 끊이지 않는다. 일반 등산객들조차 부처님 사리를 모신 뇌사리탑과 설악의 장엄한

모습에 압도돼 순례자가 되기도 하는 곳이 바로 봉정암이다.

순례길은 만만찮다. 짧으면 1박 2일, 길면 2박 3일 동안 오체투지를 하며 오르는 이도 있다. 내설악에 든 순례자들은 그렇게 저마다의 각오를 다지며 산에 오른다. 봄에 오르는 설악은 자연과 흥겨운 대화의 마당이다. 길을 따라 오르지만 길만을 향유하며 오르는 길이 아니다. 설악에는 사람이 다니는 길도 있지만 물이 다니는 계곡이 훨씬 뚜렷하다. 그리고 계곡 사이사이에는 바람이 다니는 길도 있다. 사람의 눈에는 보이지 않지만 바람길은 뚜렷하게 나 있다.

인제 백담사에서 신발 끈을 조여 맨다. 무작정 오르기로 한 순례길이지만 어느새 설악의 품에 풍덩 빠졌다. 어떤 느낌으로 산이 나를 맞이해 줄지는 생각하지 않는다. 다만 그때그때 마주하는 자연과 부닥치면서 오감을 활짝 열어 마주칠 뿐이다.

'봄볕은 며느리를 주고 가을볕은 딸을 준다'고 했던가? 부서지는 봄 햇살이 따갑고 눈부시다. 어디 오르지 못할 곳을 향해 올라가는, 그래서 돌아오지 못할 길을 가는 마지막 순례자처럼 발길은 느릿느릿 소걸음이다.

천성이 이러했다면 인간의 몸을 받았을까. 수억 겁의 과보를 받은 몸이라지만 현세에 쌓은 업보도 무척 무거운 듯 발길은 무겁기만 하다. 영시암까지 가는 길목에 쭈뼛쭈뼛 서서 자라는 침엽수들의 위세가 당당하다. 내설악이 지닌 천년 숲길의 자태를 마음껏 자랑한다. 이 숲에서는 한 뼘도 안 되는 인간의 군상이 왜소하고 미흡하기만 하다.

무엇에 구애받지 않고 길을 간 지가 참 오래다. 여행을 하거나 출장을 갈 때면 으레 목적지가 있고, 그곳에선 주어진 일을 해내야 했다. 허나 이번 순례길은 봉정암이라는 목적지는 있으나 그곳에서 무엇을 해야 할 의무는 정해두지 않았다. 그저 오르다 보면 닿게 될 끝자리로 정했을 뿐이다. 가끔씩 이렇게 생각을 텅텅 비워버리는 것도 삶을 재충전하는 데 도움이 될 듯하다.

언제나 채우는 삶이 아닌 아무것도 남기지 않는 텅 비움. 그 곳에 오묘한 기쁨이 있다. 몇 해 전 입적한 법정스님이 생각난다. 당신이 입적했을 때 관에 들지도 않고 평소에 입던 승복 차림으로 조용히 이 세상과 이별했다. 그 모습을 보며 얼마나 많은 사람들이 감동을 받았던가? 이렇게 자신의 것을 고집하지 않는 '무집착'의 삶이 오염된 영혼을 깨끗이 정화시켜 준다는 사실을 자각하게 된다.

일전에 문화재 보수를 하는 벗에게서 갑자기 문자가 왔다.

'잘 지내시는가? 여기는 설악산 봉정암이라네. 산 처처에 널린 구름이 무릉도원을 연상케 하네. 이곳에서 한 두어 달 머물다 내려갈 예정이네.'

대학시절엔 절에 다니지도 않는 친구였다. 그냥 산을 무척 좋아한 '산 사나이'였는데 직업상 고택과 전통사찰에서 오랫동안 머물더니 도인이 다 된 것 같았다. 곧바로 전화를 해서 설악산과 봉정암이 주는 소소한 즐거움을 공유했다. 친구를 통해 설악의 상서로운 기운이 전해져서인지 그날은 하루 종일 컨디션이 좋았다.

지금 오르는 내설악은 그때 친구가 말하던 그 산이 아니다. 해마다 변하고, 순간순간 변한다. 모든 것은 고정되어 있지 않고 변한다는 제행무상(諸行無常)의 진리를 일깨운다. 내설악산은 언제나 그 자리에 그대로 있고, 매년 같은 코스를 가지만 같은 산이 아니다. 매 순간 변하여 다른 모습을 보여 준다. 하지만 인간은 그저 무덤덤하게 지나왔던 산길을 또다시 갔다 왔다고 한다. 조금만 눈여겨보면 풀 한 포기, 나무 한 그루, 흙 한 줌도 과거의 그것들이 아닌데도 말이다. 인간의 무관심 속에서도 바람이 지나가고, 물길이 지나간다.

그러면 나는 어떠한가? 1년 전의 나와 지금의 나, 어제의 나와 오늘의 내가 같단 말인가? 같아 보이지만 같지 않다. 같다면 그건 착각일 따름이다. 시간의 흐름에 묻혀 생각이 변하고 사고가 변하고 보이는 모습이 달라지고 있다.

회광반조

숲을 걸으며 자신에 대해
침잠해 보라.
어제의 그대가 오늘의
그대인지를 점검해 보라.

이 몸 그대로의 현상적 그대와
이 몸이 아닌 실제적 그대와
마주쳐 보라.
불일불이(不一不二)의 그대를
보고 있는가.

어디서 왔는지 아는가
어디로 가는지 아는가
온 곳을 모르니 갈 곳을 어찌 알랴.

　변하지 않는 것이 없음에도 불구하고 변하지 않는 그 무엇이 있다는
집착 혹은 착각이 인간을 얼마나 고통스럽게 하던가? 그래서 불교에서
는 우리가 사는 세상을 화택(火宅)이라고 비유하지 않던가? 불이 붙어
활활 타고 있는 집 속에 우리가 살고 있다는 말이다. 즉 미래가 예측되
지 않는 불안정한 세상에 불안정하게 살아가고 있음을 말한다.

온갖 자연재해가 비일비재하다. 매일 자동차 사고로도 수많은 인명이 목숨을 잃는다. 떠난 영가(죽은 이)는 아주 얼떨결에 이 세상을 하직한다. 스스로는 아직 세상과 이별을 준비하지도 않았는데 아주 황당하게 세상을 다하는 사람들이 많다.

곧 죽을 목숨인지도 모르고 허우적거리며 하루하루를 살아가는 인간들의 모습이 애처롭다. 한 치 앞을 모르고 달려드는 무모함이 두렵기도 하다. 산을 오르다보니 문득 화택에서 버둥거리는 삶의 모습들이 처연하게 느껴진다.

오세암에서 하룻밤을 유숙한다. 봄밤의 하늘은 적연하고 소쩍새 울음이 간혹 들리다가 사라진다. 운 좋게 사찰 요사채 아랫목을 차지하게 됐다. 산속의 밤은 아직 서늘해 내심 걱정이었는데, 뜨끈한 바닥에 등을 깔고 누리는 호사스러움이란 말로 표현을 못하겠다. 비록 많이 갖추지는 못했지만 열악함 속에서 얻는 몇몇의 풍요로움이 얼마나 마음을 푸근하게 하는지 모르겠다. 육체의 고단함이 더해져 달콤한 잠을 청할 수 있을 것 같다.

새벽에 눈이 번쩍 떠졌다. 사위가 어스름하다. 아직 어둑어둑하고 새벽종송이 울리지 않은 것으로 보아 날이 밝자면 한참의 시간이 걸릴 듯했다. 주변이 밝아 올 때까지 한참을 더 기다려 본다.

무언가를 위해 기다린다는 게 무척 무료하고 조바심이 날 때도 있다. 서두르지 않아도 인생은 충분히 짧은데 인간들은 모든 일에 서두르는 경향이 있다. 어디에서 와서 어디로 가는지도 모르는 어리석은 존재임에도 불구하고……

숨이 목을 넘어온다는 표현이 맞겠다. 극한의 오르막길을 따라 물먹은 솜같이 무거운 몸뚱어리가 질질 끌려 올라간다. 시작이 있었으므로 결국 끝이 있었다. 암봉으로 둘러싸인 봉정암. 멀리 설악의 여러 봉우리들을 바라보며 소청봉 아래 다소곳이 앉아 있는 암자. 참으로 경건한 장소임이 틀림없다. 설악의 모든 바위들을 기단석으로 삼아 부처님 진신사리인 뇌사리탑이 솟아 있으니 설악 전체가 부처의 한 부분이다. 참으로 기발한 발상이고 심오한 철학이다.

부처님의 뇌사리탑을 세운 장인의 기지에 의해 설악산은 부처님과 한몸이 되었다. 기어 올라가든, 걸어 올라가든, 지팡이를 짚고 설악에 올라가든 모든 사람들은 부처가 된다. 밟고 있는 땅이 뇌사리탑의 한 부분인 관계로 진리를 깨우친 성자가 된다. 애써 설악에 올라 깨우친

이 미묘한 진리를 한동안 음미하며 기꺼워해 본다.

아슬아슬한 벼랑바위를 기어올라 봉정암을 바라보니 풍수를 알지 못해도 명당이다. 이는 사찰 창건설화에서 여실히 보인다. 사찰에 전하는 설명과 기록에 의하면 봉정암은 지금으로부터 1350여 년 전, 당나라 청량산(오대산)에서 삼칠일(21일) 기도를 마치고 문수보살로부터 부처님 진신사리와 금란가사를 받고 귀국한 자장율사가 창건했다. 부처님 불뇌사리 봉안처를 찾아 신라에 돌아온 자장율사는 먼저 금강산에 들렀다.

그런데 봉안할 곳을 찾던 자장율사는 어디서 날아왔는지 모를 봉황을 보고 뒤따르기 시작했다. 한참을 따라가다 한 곳에 이르렀다. 바위가 병풍처럼 둘러 싸안고 있는 곳에서 봉황은 순식간에 사라져 버렸다. "바로 이곳이다!" 주위를 둘러본 자장율사는 도착한 그곳이 길지임을 알아채고 사리탑을 세워 진신사리를 봉안하고, 근처에 조그마한 암자도 건립했다. 그때가 신라 선덕여왕 13년(644)이었다.

살아생전 꼭 한번 봉정암에 올라 이생의 업보를 참회하시라. 나무와 대화하며 지나온 삶을 돌이켜 보고, 능선을 걸으며 새로운 삶을 설계하시라. 처마 끝에 앉아 기도로 하루를 지새워 보시라. 그러면 설악산의 웅장한 기운이 몸속으로 흘러내릴 것이다.

아무 욕심 없이 왔다가 인생의 최고의 선물을 얻어 내려가는 곳이 봉정암이다. 삶의 전환점이 필요하다는 생각이 들 때는 반드시 봉정암에 오르시라. 암자는 당신에게 신선한 삶의 활력을 충전시켜 줄 것이다.

◉ 30여 년간 봉정암에서 지낸 스님이 들려준 봉정암 이야기

첫째, 한 번 참배로 천세의 업장이 소멸된다.

봉정암을 참배하는 사람은 전생에 큰 선근공덕을 쌓아야 한다. 혹여 참배하기 위해 마음을 먹었더라도 참배길에 나서서 성공하기가 어려운 곳이다. 그만큼 높은 위치에 있기 때문이다.

둘째, 하늘 사람도 예배하고 땅 밑 중생도 예배하는 도량이다.

봉정암에는 갖가지 보살상과 부처님 제자들의 모습을 한 바위들이 불뇌사리탑과 봉정암을 바라보면서 예배하고 있는 모습을 하고 있다. 그리고 인간들은 물론 곰바위 사자바위 등 땅에서 사는 모든 중생들도 봉정암에서 예배하는 모습을 하고 있다.

셋째, 1000만 명이 출발하고 1만 명이 도착하는 곳이다.

그만큼 인연 있는 사람이 봉정암을 찾고, 봉정암을 찾았으면 지극정성으로 기도해서 뜻을 이루어 내려가라는 뜻이 들어 있다. 어떤 이는 영시암까지 왔다가 돌아가기도 하고, 어떤 이는 '깔딱고개'까지 왔다가 내려가는 경우도 있다고 한다. 그래서 흔히 봉정암에 오를 수 있는 가능성을 1000:1이라고 한다.

넷째, 도량 안에서 나는 물은 감로수다.

봉정암에서 나오는 물은 청정수이자 부처님 도량에서 나오기 때문에 그대로 감로수가 된다. 또 봉정암의 물은 설악산 계곡물이 시작되는 곳이고 북한산의 원류를 형성한다고 한다.

다섯째, 법당의 향이 필요 없는 도량이다.

설악산 고지에 위치하고 있어 주목, 마가목 등이 지천에 깔려 있고, 전각 곳곳에 안개와 운무가 부처님께 올리는 향이 되어 맴도는 곳이다. 따로 향을 피우지 않을 만큼 자연의 향으로 장엄된 도량이라는 뜻이다.

일반적으로 백담사 계곡에서 올라간다. 시간은 대략 여덟 시간에서 열 시간은 잡아야 한다. 설악산 국립공원의 우거진 금강송 숲길을 지나 영시암에 이르고, 다시 올라간 삼거리에서 오세암쪽으로 올라가도 되고 수렴동 계곡으로 올라가도 봉정암에 도착한다. 봉정암 가는 길은 걷는 길이 아니라 내설악을 올라가야 하는 힘든 산행길이다.

우선 오세암 길을 택할 경우에는 삼거리에서 오세암으로 올라 뒷길을 택한다. 작은 고개를 넘어 가야동 사거리를 지나 깔딱고개를 넘으며 우측으로 펼쳐진 용아장성을 구경한다. 좌측으로는 가야동 계곡과 공룡능선, 범봉 등이 즐비한 내설악의 장관을 볼 수 있다. 여기에서 30여 분을 더 올라가면 봉정암 불뇌사리탑이 나오면서 봉정암에 이른다.

수렴동 계곡을 통해 올라가는 코스는 길지만 대자연의 운치를 만끽하며 오를 수 있다. 수렴동 대피소에서 계곡을 따라 쭉 올라가면 구곡담과 쌍룡폭포가 있고, 다시 일명 깔딱고개를 넘어야 한다. 그곳에서 바라보는 공룡능선이 일품이다. 하늘을 찌를 듯한 뾰족한 1,275봉우리와 신선봉이 보인다. 공룡등뼈를 연상시키는 암봉들이 줄기차게 이어진 설악산 최고의 경관중의 하나다.

수렴동 계곡으로 올라가면서 좌측으로 보이는 용아장성 능선도 볼 수 있다. 대청봉 소청봉 봉정암 뒤편에서 수렴동 대피소까지 이어지는 능선이 용아장성 능선이다. '용의 이빨'처럼 생겼다고 해서 붙여진 이 능선은 위험해서 출입이 금지돼 있다.

오세암이나 영시암에서 하룻밤을 지내지 않고 봉정암에 오른다면 하루 정도는 봉정암에 묵어야 한다. 편한 자리를 구해서는 안 되는 게 봉정암에서의 불문율이다. 그곳에 왔다는 그 자체만으로도 만족을 삼아야 하기 때문이다. 봉정암에 오를 때는 특히 물 관리를 잘해야 한다. 백담사와 영시암 오세암 수렴동 대피소 정도에서 물을 보충할 수 있을 뿐, 중간 중간에 물을 보충한다고 생각하지 않는 게 상식이다.

봄길

해발 1,244m에 위치한 한국 최고의 기도도량으로 강원도 인제군 북면 용대
2리 690번지에 위치한다. 봉정암은 봉황이 알을 품은 듯한 형국에 자리 잡
고 있다. 적멸보궁 뒤쪽에는 봉황의 형상을 한 봉바위(부처님 형상을 하고 있
어 부처바위라고도 부른다)가 있고 그 위로 보관(寶冠)인 듯한 바위가 장식처
럼 올려져 있다.

그 주변으로는 병풍처럼 일곱 개
의 바위들이 서 있는데 가섭바
위, 아난바위, 기린바위(상서로움
표시), 할미바위(토속신앙과 결부),
독성바위, 나한바위, 산신바위
등 7성봉(일곱 개의 성인 봉우리)이
나란히 서 있다.

봉정암은 중창도 여러 번 이뤄졌
다. 667년(문무왕 17) 원효대사가 중건했고, 고려 중기인 1188년엔 보조국사
지눌이 중창했다. 만해스님이 1923년에 쓴 〈백담사사적기〉에 첨부된 '봉
정암중수기'와 '봉정암칠창사적기(鳳頂庵七創事蹟記)'에 따르면 1648년(인조
26) 환적스님이 세 번째 중건을 했고, 등운스님이 1678년(숙종 4) 네 번째로
중건했고, 설정스님이 1748년(영조 24) 다섯 번째로 중건했다.

이후에도 1780년, 1870년도에 각각 중수됐지만 한국전쟁 당시 봉정암은 완
전히 불타버렸다. 전쟁 후 10여 년 이상 탑만 지키고 있던 봉정암에 다시 전
각이 들어선 것은 1960년대 초반이다. 그러다 1985년경 봉정암은 대대적인
불사를 시작, 새로운 골격을 갖췄다.

여름길

Summer Forest

전나무 숲길

대자연의 침묵이 흐르는
울울창창한 오케스트라여

월정사 전나무 숲길을 좋아했던 일지스님에 대한 꿈을 꾸었다. 사람에 대한 그리움이 몸살감기처럼 망각에 엉겨 붙어 며칠 동안 떨어지지 않는다. 기어이 가 보아야만 이 '간절병'이 치유되리라. 사람에 대한 그리움이 자연에 대한 그리움으로도 등치될 수 있다는 사실에 놀랐다. 홀로 짐을 챙겨 새벽길을 훌쩍 나선다.

자신에 대해서는 엄격히 꾸짖으면서도 남에게 관대했던 스님은 90년대 말 불교인문학에 천착해 주옥같은 글을 거침없이 쏟아냈던 분이다. 아무리 퍼내어도 채워지지 않는 공허함이 사무침이 되어 인사동 밤거리를 떠돌았던 스님은, 2002년 8월 23일 자신이 머물던 서울 은평구 갈현동 수국사에서 적멸에 들었다.

그는 《떠도는 돈황》이라는 자신의 저서 발문에서 다음과 같이 썼다.

"인간의 생애에 누구에게든지 한 번의 결정적인 순간이라는 것이 있다. 당장은 실감할 수 없더라도 현명한 사람은 현명한 대로 어리석은 사람은 어리석은 대로 그 결정적인 순간의 필연을 체험하는 것이 인생이다. 모든 현실은 언제나 숙업의 올가미를 남기고 사라진다. 그래서 모든 현실이 우연인 듯 보이지만 그 우연 속에는 날카로운 필연이 숨 쉬고 있다. 숙업이란 바로 그런 것이다.

우리는 어제도 오늘도 그 필연의 지배에 의해서 습관처럼 살아간다. 필연의 지배를 받는 이상 우리는 일상적인 우연에서조차 자유롭지가 않다. 그렇다면 겉돌음이란 그런 우연이나 필연의 지배를 받는 떠돌이의 주처없는 삶이란 말인가? 그렇지 않다. 겉돌음의 세계에서 떠도는 행업이야말로 필연과 우연, 그리고 가망없는 희망의 유용함마저 돌파해 버리는 실존적인 저력을 필요로 하는 정신의 모험인 것이다."

그가 떠난 지 5년이 넘은 어느 날 이 구절을 발견하고는 '겉돌음의 세계에서 떠도는 행업'이란 의미를 알았다. 반승반속의 모습으로 사는 겉돌음을 그는 '가망없는 희망의 유용함마저 돌파해 버리는 실존적인 저력을 필요로 하는 정신의 모험'으로 보았던 것이다. 그는 모험을 하고 있었다.

기자 초년시절 인사동 술집에서 함께 잔을 기울이며 삶에 대한 거대한 담론을 나눴던 불교인문학자 일지스님. 그는 세상에 없지만 그가 남긴 정신의 모험은 고스란히 저서에 남아 있다. 이 세상을 떠날 때 그의 컴퓨터 파일에는 많은 미완의 원고가 어지러이 널브러져 있었다고 한다. 좀더 그의 모험이 계속되었다면 위대한 불교인문학자의 예리한 필봉이 한국불교에 내리는 경책을 많이 볼 수 있었을 터인데 안타깝다. 그에 대한 흔적은 이제 그리움이 되어 월정사 전나무 숲으로 이끈다.

일지스님은 어린 나이에 월정사 전나무 숲에서 행선하는 희찬스님(당시 월정사 주지)을 보며 '걷는 자만이 빚어낼 수 있는 아름다운 풍경'을 기억해 냈다. 그러면서 고독을 일상화시켜 버리는 선(禪) 이야기를 꺼낸다. 자연의 장대한 침묵 속에 공존하는 무상과 영원마저 초극해 마침내 인간 역시 자연 본연의 침묵과 고독으로 녹아들게 하는 게 선(禪)임을 적시해 주었다. 얼마나 적절하고 기발한 설명이던가.

월정사 전나무 숲 초입. 사찰을 찾아가는 길이 언제나 그러하듯 속세를 떠나 수행의 길을 가는 절연(絕緣)의 길이다. 신라시대에 사찰이 창건되었으니 얼마나 많은 수행자들이 이 길을 걸어 들어갔을까. 결국 뼈를 깎는 구도행으로 법열의 경지를 얻을 것을 기원하며 이 숲길을 걸었으리라.

숲에 드니 하늘을 찌를 듯한 전나무들이 나를 감싼다. 400년이 넘은 아름드리나무들은 침묵으로 길손들을 맞이한다. 침묵은 무언의 말과 보이지 않는 메시지만을 뜻하는 것은 아니다. 절대 평화의 경지이며

무소음의 세계이고 정적인 세상을 뜻한다. 말로 이루어지지 않은 모든 소통과 의미의 전달이 사실은 침묵의 다른 이름이라고 할 수 있다.

그렇다고 세상에 존재하는 모든 소리가 침묵의 반대편에 서 있는 것은 아니다. 자연에서 들려오는 새들의 노래나 바다가 들려주는 파도 소리, 그리고 자신의 존재를 알리는 바람 소리를 통해 우리는 살아있음을 확인하고 소리가 만들어내는 생의 감각을 절감한다. 우리에게 소리는 삶의 조건이며 이유이고 확인이다.

하지만 영원히, 끊임없이 소리의 바다에서 허우적거릴 수는 없다. 만약 침묵이 없다면 소리도 의미가 없다. 우리에게 침묵은 휴식이고 안정이다. 월정사 침묵의 숲에는 물소리도 있고 바람 소리도 있다. 시간의 오램이 빚어내는 중후하고 아름다운 침묵이다.

1,000년이 넘는 역사를 가진 길에 장대한 나무들의 도열은 인간의 존재가 얼마나 미미한 것인가를 비웃는 듯하다. 아무리 위대한 인간이라 외치지만 월정사 전나무보다 절반도 못 산 초라한 수명을 가진 존재들일 뿐이다. 하늘을 찌를 듯한 장대한 모습에서 켜켜이 묻어나는 세월의 무게에 압도당하지 않을 수 없다.

길은 떠나는 자의 고독한 심연을 부추긴다고 했던가. 술렁이는 마음이 코끝에 닿는 숲의 향기와 함께 울렁거리며 미세한 흥분을 일으킨다. 사색은 고독한 자의 특권이다. 맑은 공기를 배불리 마실 수 있는 특별한 식단이다. 울울창창(鬱鬱蒼蒼)한 전나무 숲길은 압권이다. '국내 최고의 숲'이라 불러도 누구 하나 이의를 달지 못할 것 같다. 여기에 강원도와 오대산이라는 지역적 특성이 어우러져 도회지에 사는 사람들에게는 언제나 마음속의 허파와도 같다.

전나무

아름드리나무를
껴안아 본 적이 있는가
그것도 여러 명이 둘러 안아도
못 안을 거대한 나무를.

생명이 다해 몸을 바꾸듯
사목(死木)이 된 전나무는
400년을 살았단다.

100년도 못 사는
인간들을 향해
침묵의 언어로 하심(下心)을
가르치고 있다.

　월정사 숲은 나무들로 가득찬 '화엄의 바다'다. 모든 것을 껴안아 포용하는 숲의 바다다. 존재하는 모든 것은 서로 연관되어진 그물코와 같다. 정신이든 물질이든, 시간이든 공간이든 마찬가지다. 세상에 독립되어 존재하는 건 하나도 없다. 태양이 없으면 살아갈 수 있는 존재가 아무도 없듯 생명의 실상을 보면 온 세계가 마치 그물코처럼 관계를 맺고 있다.

그래서 내가 곧 우주요, 우주가 곧 나라는 결론에 도달한다. 내 생명이 아닌 게 없다. 관념 말고 실상을 살펴보면 이 세상 모든 게 나와 연관돼 있다. 우주 문제가 내 문제가 된다. 월정사 전나무 숲에서는 울창한 나무와 내가 하나로 연결돼 있음을 느낀다. 숲과 내가 하나다. 내가 숲이요, 숲이 나이기도 하다.

천 년의 숲은 현재 진행형의 윤회를 거듭하고 있다. 길손이 방문했을 때도 400년이 넘은 고목은 사목(死木)이 되어 세상과 이별을 고하고 있었다. 머지않아 그 나무는 전나무 숲길에서 모습을 감추리라. 사람들은 대개 월정사 전나무 숲이 천 년을 넘었으니 그 나무들 역시 천 년 동

안 살아왔으리라 생각한다. 한반도의 역사가 반만년 역사이니 사람들의 나이도 반만년이라고 생각하는 것과 똑같은 어리석은 소치다.

전나무 숲의 최고 연령은 400년이다. 최고령인 이들이 퍼뜨려 놓은 나무들이 도열하듯 전나무 숲을 이룬다. 한번 숲을 이룬 나무들은 그렇게 그곳에서 대를 거듭하며 살아왔고, 살아가고 있다. 나무의 윤회를 보며 허상으로 가득한 이 세상을, 허상에 집착해 살아온 자신을 되돌아본다. 오대산에 월정사를 중심으로 전나무가 주종을 이룬 것에 대한 재미난 이야기가 전한다.

고려 말 오대산의 북대에서 수도하던 나옹스님이 있었다. 스님은 매일같이 월정사로 내려가 부처님 전에 콩비지를 공양했다.

어느 겨울날, 나옹스님은 비지를 받쳐 들고 조심스레 눈길을 내려가고 있었다. 그런데 갑자기 '와락' 소리가 들리면서 소나무 가지 위에 얹혀 있던 눈들이 스님과 부처님 전에 올릴 비지를 덮쳐버리고 말았다. 순간 스님은 소나무를 향해 크게 꾸짖었다.

"이놈, 소나무야! 너는 부처님의 진신(眞身)이 계신 이 산에 살면서 큰 은혜를 입고 있거늘, 어찌 감히 네 마음대로 움직여 불전에 올릴 공양물을 버리게 한단 말이냐."

때마침 스님의 꾸짖는 소리를 듣게 된 오대산 산신령이 결단을 내렸다.

"소나무야, 너는 큰스님도 몰라보고 부처님께도 죄를 지었으니 이 산에 함께 살 자격이 없다. 멀리 떠나거라. 그리고 이제부터는 전나무 아홉 그루로 하여금 이 산의 주인이 되어 오대산을 번창케 하리라."

산신령의 명령에 따라 소나무들은 오대산에서 쫓겨나고 이후 전나무들이 주인 노릇을 하게 되었다.

상원사까지 걷는데 갑자기 먹장구름이 하늘을 휘감는다. 사위가 어두워졌다. 빗방울이 금방이라도 들이칠 듯한 음습한 길을 걷노라니 문득 서늘한 두려움에 오싹하기도 한다. 숲길을 찾아 떠난 여행 언제나 혼자 걷는 길이고 침묵으로 일관한 걷기명상이다. 그 길에는 언제나 침묵이 있다. 어디선가 읽은 어슴푸레한 글귀가 생각난다.

"침묵 없이는 말도 태어날 수 없다. 침묵은 말이 움트는 터전이다. 말의 가치는 그 말을 품고 있던 침묵에 의해 결정된다. 침묵이 오랫동안 품고 있었던 말은 아름답다. 그러나 이 세계에서 말은, 침묵 속에서 나오지 않고 말의 뒤엉킴 속에서 기계적으로 생산된다. 그 말들은 전혀 아름답지 않다."

말들은 어디에나 있고 어디에서나 서로 뒤엉켜 있다. 그 뒤엉킴 속에는 뼈와 살이 되는 말도 있고, 독이 되는 말들도 있으며, 들리지 않은 채로 흩어져버리는 공허한 말들도 있다. 문제는 그 뒤엉킴의 정도가 너무 심하다는 것이다. 우리는 그 뒤엉킴 속에서 길을 잃는다. 말의 포화와 포연은 우리의 정신을 흐려놓는다.

호젓한 길을 걸으면서 정제되는 정신은 계곡을 흘러내리며 맑아지는 물의 자정성과 닮아 있다. 나는 상원사를 향해 거꾸로 오르며 맑아지지만 물은 월정사를 향해 내려오며 스스로를 맑힌다. 교차성의 대칭이 빚어내는 미묘한 조화다.

중간 어귀에 멈춰 선다. 누가 만들어 놓은 섶다리가 있다. 큰 나무 기둥을 땅에 박아 구조물을 만들고 소나무 가지를 얼기설기 엮어서 만든 다리는 월정사 계곡과 잘 어우러진다.

이 길을 쭉 따라 올라가면 상원사다. 상원사 입구에는 관대걸이라는 곳이 있는데, 오대산에 얽힌 세조의 전설이 전한다.

피부병을 치료하기 위해 오대산을 찾은 세조가 월정사를 참배하고 상원사로 가던 도중 물이 너무 맑아 목욕을 하고 싶은 생각이 일었다. 목욕을 하다가 마침 지나가던 한 동승에게 등을 밀어줄 것을 부탁하였다. 목욕을 마친 세조는 동승에게 "누구에게든지 임금의 옥체를 씻었다고 말하지 말라."고 하니 동승은 미소를 지으며 "어디 가든지 문수보살을 친견했다고 하지 마시오." 하고는 홀연히 사라져 버렸다.

세조가 놀라 주위를 살피니 동승은 간 곳 없고 어느새 자기 몸의 종기가 씻은 듯이 나은 것을 알았다. 세조는 친견했던 문수동자를 그리기 위해 상원사에 많은 화공을 불렀는데 제대로 그리지 못했다. 그때 누더기를 걸친 노스님이 나타나 말했다.

"소승이 한번 그려 보겠습니다."

"스님께서는 그림을 그려 보셨는지요?"

"네, 출가 전 붓을 조금 잡아 본 적이 있으니, 제가 그리는 문수보살님과 전하께서 친견한 문수보살님이 어떤지 살펴 주십시오."

세조는 스님이 그린 문수보살이 자신이 본 것과 똑같아 물었다.

"스님은 어디에서 오셨습니까?"

그러자 스님은 "영산회상에서 왔습니다."라며 구름을 타고 하늘로 올라가 버렸다. 그려진 동자의 모습을 목각상에 조각하게 하니 이 목각상이 바로 상원사의 문수동자상이며, 목욕을 할 때 관대를 걸어두었던 그곳이 지금의 관대걸이다.

상원사에는 문수동자상을 모신 법당 아래에 두 마리의 고양이 석상이 있다. 이곳에도 세조 임금과 관련된 이야기가 전한다. 상원사에서 피부병을 고친 세조가 참배하기 위해 법당으로 향했다. 그때 고양이 두 마리가 세조의 옷소매를 물고 법당으로 끌어당겼다.

"이게 무슨 해괴한 일인가?"

세조는 황당해하며 법당을 뒤지게 했다. 그러자 법당 마루 아래에 임금을 살해하려고 한 자객이 숨어 있었다. 고양이의 도움으로 목숨을 건진 세조는 은혜에 보답하기 위해 고양이 석상을 세웠다. 상원사 스님에게는 고양이 석상을 잘 관리하라는 의미에서 상원사를 중심으로 사방 80리의 땅을 하사했다.

비록 한 왕조의 임금이었지만 수백 리를 이동해 오대산까지 온 세조의 마음은 어떠했을까. 그 역시 이 숲길에 들어서면서 많은 사색과 침묵으로 자신을 침잠했으리라. 그래서 자신의 과오를 뉘우치며 부처님께 기도를 했을 것이고, 그 공덕으로 문수동자를 만나 피부병을 고치는 은혜를 받지 않았을까?

우주를 연주하는 거대한 자연의 오케스트라는 천지를 진동하지만 오대천과 하나가 된 나는 여전히 침묵 속에 있다. 침묵의 법열이 '꽝' 하는 깨달음으로 통하는 날은 언제일까. 월정사 숲길은 천 년의 긴 잠에서 깨어나 세상을 향해 무정설법을 하겠지만 번뇌와 속진에 싸인 우리네 중생들은 언제 깨끗한 스스로의 마음을 깨우칠 수가 있을까?

"할!"

걷 기 여 행   포 인 트

우중월정 설중오대(雨中月精 雪中五臺), 비 오는 여름 풍광은 월정사에서 바라보는 것이 최고요 눈 오는 겨울 풍광은 오대산에서 바라보는 것이 최고다. 월정사 스님들 사이에 전해 내려오는 말이다. 비가 와도 좋고 눈이 와도 좋은 오대산이다.

월정사 전나무 숲길은 일주문에서 절 입구까지 해발 600m, 총 1.6km에 걸쳐 형성돼 있다. 우리나라 제1의 전나무 숲길로 명성이 높다. 이 숲길에는 수령 80년이 넘는 전나무가 자그마치 1,700여 그루가 넘는다. 전나무뿐만 아니라 졸참나무, 층층나무, 느릅나무, 귀룽나무, 까치박달, 복자기단풍 같은 큰 키의 나무들이 어깨를 겨루고 있다.

식물성 살균물질인 피톤치드와 음이온이 가득해 건강을 다스리려는 방문객들도 많다. 숲길 중간에는 수령이 500년이 넘음직한 아름드리 전나무가 쓰러져 있다. 2006년 10월 태풍 '매미' 때 40m가 넘는 몸체가 꺾이는 피해를 입었다. 숲길 옆의 오대천 계곡은 풍부한 수량이 사시사철 흐른다. 이곳에는 수달, 살쾡이, 족제비 등 야생동물도 살고 있다. 매일 오전 11시와 오후 1시에 열리는 전나무 숲 자연 해설 프로그램에 참여하면 자세한 설명을 들을 수 있다.

본격적인 걷기여행은 전나무 숲길 이후부터 시작된다. 월정사를 지나 부도군~섶다리~동피골~상원사에 이르는 9km 구간이다. 전나무 숲을 지나 사천왕문을 지나면 월정사 경내다. 본당인 적광전과 그 앞에 놓인 8각9층석탑이 압권이다. 고려시대의 가장 아름다운 석탑으로 높이만 12.5m에 달한다. 월정사를 지나 큰길을 가다가 만나는 섶다리를 건너면 상원사로 향하는 숲길을 걸을 수 있다. 길 곳곳에 돌다리도 있어 걷는 운치가 쏠쏠하다.

중간에 조선시대 실록과 왕실족보를 보관하기 위해 세워진 오대산 사고지를 둘러보는 것도 의미가 있을 듯하다.

상원사에 이르면 입구에 역시 우람한 전나무 숲이 길손을 반기고, 조선 세조 임금이 오대천에서 목욕을 하기 위해 옷을 걸어 두었다는 관대걸이가 있다. 우리나라 최고의 명당자리로 꼽히는 상원사(용이 여의주를 물고 희롱하는 형국)에서 바라보는 풍경도 빼놓지 말자. 시간이 되면 한강 발원지로 알려진 '우통수(宇筒水)'도 한번 찾아가 보시길…….

<h2 style="text-align:center; color:#b03050">평 창   월 정 사 는 …</h2>

강원도 평창군 오대산에 있는 절이다. 신라 선덕왕 12년(634) 자장이 당(唐)나라 오대산의 문수보살석상(文殊菩薩石像) 앞에서 7일 동안 기도하였는데, 기도 끝에 한 늙은 승려가 나타나 부처의 가사와 발우, 사리를 전해 주면서 "신라의 오대산은 문

수보살이 항상 머물고 있는 곳이니, 반드시 찾아가 보라"고 하였는데, 오대산 태화지(太和池)에 살고 있던 용이 나타나 이 노인이 문수보살임을 알려 주었다. 자장은 귀국 즉시 오대산에 와서 풀로 만든 집을 지었는데, 이것이 월정사였다고 한다. 경내에는 국보 제48호로 지정된 8각9층석탑과 보물로 지정된 석조보살좌상과 상원사 중창권선문 등 각종 유물이 전한다.

남한강 물길

유 유 히 흘 러 가 는 모 습 처 럼
물 같 이 바 람 같 이 살 라 하 네

어린 시절 여름방학 때면 절반을 보냈던 외갓집 인근에 '벽절'이라는 마을이 있었다. 아마도 '벽돌탑이 있었던 절'이 자리해 그런 이름이 붙여진 듯하다. 외가는 안동지방이어서 모전탑이 많이 남아 있었던 곳이기도 했다. 여주 신록사도 고려시대에는 벽절이라 불렀다고 한다. 그래서인지 신록사에 들어서면 유년의 추억 '벽절'이 생각난다.

한강을 구성하는 물줄기 중의 하나인 남한강이 흘러드는 여주는 '아름다운 물의 고장'이다. 많은 사람들이 신록사를 찾는 이유 중의 하나는 남한강이 있기 때문이기도 하다. 여주(驪州)라는 지명에도 '모래 톱'이라는 의미가 들어 있을 만큼 남한강 물을 빼고 여주를 설명할 수 없다.

물이 풍부하다는 사실은 그만큼 사람들의 마음도 물처럼 유순할 수

있다는 것을 의미한다. 물은 생명의 근원이다. 이 세상에 만들어진 모든 개체에 물이 들어 있지 않는 것이 없다. 물에서 세상 만물은 생사를 반복하고 있다.

문학에서 물의 상징적 의미는 영속적인 생명력과 풍요, 청정한 정화의 심상을 연출해낸다. 인간에게 물은 어머니의 모태인 자궁에서부터 접해 생명의 원천을 이룬다. 인간이 처음 잉태돼 지냈던 그 아늑하고 침침한 공간이 물이다.

물은 신화적 원형성을 상징한다. 우리 인간의 몸도 60%가량이 물로 구성돼 있다고 한다. 아이 때는 이보다 더 많고 나이가 많을수록 줄어든다. 물을 잃어가는 것은 곧 죽음이 가까이 오고 있다는 의미다. 거대한 물길이 지나가는 곳에 자리한 신륵사는 물길과 숲길이 어우러져 있다.

하지만 물이 언제나 이상화되어 찬양되지는 않았다. 심리적 원형성이 짙다고 해서 모순등가성(矛盾等價性)의 예외를 물도 비켜가지는 못한다. 물은 변덕과 삶의 풍파를 상징하기도 했다. 고조선 때 백수광부의 처가 지었다고 전하는 노래 〈공무도하가(公無渡河歌)〉를 보라.

임이여 물을 건너지 마오.
임은 결국 물을 건너시네.
물에 빠져 죽었으니,
장차 임을 어이할꼬.

물에 애잔한 그리움이 묻어나며 물로 인해 마음의 상처를 받은 한 여인이 자신의 삶을 물에 투영하는 모습을 역력히 보여 주고 있다. 물은 인간에게 풍요로움을 주기도 하지만 고난과 역경을 주기도 한다. 그런 물을 누가 어떻게 다스리는가에 따라서 달라진다는 말이다.

비단 고조선 때의 비유를 들지 않아도 될 듯하다. 지금 우리 세대가 겪고 있는 4대강 개발에 대한 갈등 또한 그러하다. 정치적으로 비화되어 4대강을 반대하는 진보와 지지하는 보수층이 봉합될 수 없는 간극으로 벌어진 상황이다. 미증유의 '4대강 사업'에 대한 역사적 평가는 현재보다는 먼 훗날 결과를 보고 판단을 내려야 할 듯하다. 그런 혼란에도 아랑곳하지 않고 남한강 물은 지금도 유유히 흘러가고 있다.

신륵사를 논할 때 빠져서는 안 될 게 풍수다. 오대산에서 흐르는 백두대간 줄기의 봉황꼬리가 여주 땅에 이르는 명당 터에 자리하고 있다.

그래서 예로부터 수많은 선지식들이 깨달음을 이루어 중생을 제도한 역사가 있다. 고려 공민왕의 왕사였던 나옹스님이 영원사로 가던 도중 이곳 신륵사에서 입적해 사리탑이 모셔져 있다.

오랜 역사만큼 창건 역사도 다양하다. 창건 역사는 신라 진평왕 때 원효대사로 거슬러 올라간다. 원효대사는 꿈을 꾸었는데 흰옷을 입은 노파가 신륵사의 절터가 들어설 연못을 알려주며 사라졌다. 원효대사는 이곳에 사찰을 지으려 하였으나 난관에 부닥쳐 7일기도를 하니 아홉 마리 용이 승천했다. 그 후에야 절을 지을 수 있었다고 한다.

고려시대 고종 때의 중건 역사도 있다. 신륵사가 위치한 지형은 봉황의 꼬리에 위치하지만 바로 앞의 남한강은 굽이치는 용의 기운이 물결치는 곳이어서 그 기운을 막아야 했다. 그래서 인당대사가 부처님의 힘을 빌려 용마의 고삐에 굴레를 씌우고 절 이름을 '신륵사'로 지었다고 한다.

그러자 남한강이 범람하여 주민들을 곤경에 빠뜨리는 일이 없어지고, 문전마다 옥답으로 변해 살기 좋은 고장이 되었다고 한다. 또
다른 창건 역사는 고려 우왕 때 여주의 마암(馬岩)에 용마(龍馬)가 나타나 사람들에게 피해를 주자 나옹스님이 신기한 굴레를 가지고 와 '신력으로 용마를 다스렸다'고 해서 '신륵사(神勒寺)'라 불렀다.

세종대왕의 원찰이기도 한 신륵사는 조선 예종 원년(1469) 정희왕후가 중창해 신륵사라는 이름을 보은사로 바꾼다. 이어 성종 때 중창의 계기가 마련되는데 당시 재미있는 이야기가 전한다. 불교를 배척한 조

선왕조였지만 세종대왕을 비롯한 선대 조상들과 인연 깊은 사찰이라
이례적이고 파격적인 대우를 했던 모양이다.

　봉미산 기슭에 살았던 한 청년이 괴나리봇짐을 지고 한양길에 오르
고 있었다. 이 청년의 모습은 초라했지만 몰락한 양반가 종손이자 외아
들로 가문을 다시 세워야 하는 중차대한 임무를 맡고 있었다. 굳게 다
짐에 다짐을 거듭한 청년은 주경야독을 하며 과거준비를 했다. 하지만
이 일을 어찌하랴. 병약한 어머니마저 이제는 병석에 눕고 말았으니 과
거일이 다가오는 이 청년의 마음은 불안하기만 했다. 과거일이 보름 앞
으로 다가오던 날 저녁 어머니가 조용히 아들을 불렀다.

　“이번 과거에 반드시 나가야 한다. 내 몸이 성치 않지만 너는 지금까
지 열심히 과거를 준비하지 않았느냐. 내 걱정일랑은 하지 말고, 반드
시 출사하여 무너진 이 가문을 세워야 한다.”

　어머니의 신신당부에 청년은 도저히 뜻을 거역할 수 없다는 생각을
하고 과거를 보기 위해 길을 나섰다.

　“어머니, 다녀오겠습니다. 제가 없는 동안 몸을 잘 추스리고 계십시
오. 반드시 금의환향할 것이니 그때까지 기다려 주십시오.”

　청년은 한양으로 가기 위해 남한강 강나루에 도착했다. 다리가 없었
던 때라 강을 건너기 위해서는 유일하게 나룻배를 이용해야 했다. 어머
니와 작별인사를 하느라 시간을 지체해 정오 나절이 넘어서인지 강나
루는 한산했다. 사공을 찾아봐도 보이지 않아 봇짐을 옆에 두고 기다리
다가 깜빡 잠이 들었다.

꿈에서 청년은 건너편 보은사의 동승이 되어 강나루를 건너려 하고 있었다. 사공은 이런 동승이 호락호락해 보였는지 대하는 태도가 좋지 않았다.

"꼬맹이 스님이 어딜 가시나?"

"나는 건너편 보은사에 사는 사미승이요. 우리 절 큰스님께서 모은 시줏돈으로 절을 중창하기 위해 대장간에 돈을 건네주러 가는 길이니어서 날 태워주시오."

당당한 사미승의 말에 사공은 태도를 바꾸어 뱃머리를 대고 정중하게 태웠다. 배가 강 중간을 건너고 있는데 난데없이 뒤에서 간드러지는 여인의 소리가 들렸다.

"날 좀 태워 가세요. 날 좀 태워 주세요."

하도 애원하는 말투라 사미승은 뱃사공에게 말했다.

"다 건너지도 않았고, 아주 급한 일이 있는 것 같으니 함께 태워 가시지요."

뱃사공은 다시 뱃머리를 돌려 여인을 태웠다. 다시 배는 강을 건너고 있는데 여인이 사미승에게 왜 강을 건너느냐고 물었다. 사미승은 이런 저런 이유로 간다고 말했다. 그러자 여인이 대답했다.

"저도 보은사 중창을 하고 싶으니 저희 집에 가시면 기왓장 한 장 올릴 시줏돈을 드리겠습니다."

옆에서 듣고 있던 사공이 갑자기 노를 들어 여인을 후려쳤다.

"야! 이 요물스런 요괴야 어딜 감히 스님을 농락하려 드느냐!"

순간 여인이 강물에 뛰어 들자 커다란 백호(白虎, 어떤 책에는 큰 암구렁

이 혹은 흰 뱀으로 표현하고 있다)로 변신해 강을 되돌아가 사라져 버렸다.

청년은 화들짝 놀라 일어났다. 꿈이었다.

　"무슨 변괴가 있구나."

청년은 주변을 살피니 어둠이 깔리고 있었다.

　"어허. 빨리 강을 건너야겠는 걸."

때마침 청년은 뱃사공을 찾았다. 머리가 흰 노파가 배를 손질하고 있었다.

　"이보시오, 어르신. 나를 저 강 건너편으로 얼른 태워주시오."

　"날도 저물어가는데 어딜 가시려구요?"

　"과거를 보러 한양을 가는데 갈 길이 바빠서 그렇소."

노인은 청년을 태우고 노를 저으면서 말했다.

　"이보오, 젊은이. 강 건너편에는 하룻밤 머물 곳이 없소. 다만 보은

사라는 폐사가 있는데 그곳에는 배를 타고 도착한 사람이 아직 한 명도 없다오.”

순간 머리가 오싹해진 청년은 노인에게 물었다.

“그렇다면 이 배는 저승사자의 배란 말입니까?”

“그렇소. 나는 염라대왕이 보내서 온 저승사자요. 당신이 어머니와 하직인사를 한 뒤 어머니는 저 강 건너 보은사 나한이 되셨는데 머물 곳이 없어 바위 동굴에 계시오. 원래 그곳에는 백호가 살고 있었는데 자리를 당신 어머니께 빼앗기자 당신에게 원한을 품고 여인으로 변해 꿈속으로 들어와 당신을 해치려고 했던 것이오. 하지만 효성이 지극한 당신의 품행을 알고 계신 어머니가 당신을 해치지 못하게 뱃사공의 노로 후려쳐 당신을 구한 것이오.”

“그렇다면 꿈속에 나타난 동자승은 누구지요?”

“그는 바로 당신의 전생 모습이오. 당신은 전생에 보은사를 중창하기로 했지만 뜻을 이루지 못했소.”

“아. 그랬군요.”

청년이 강을 건너자 노인은 흔적도 없이 사라졌다. 청년이 보은사를 찾아가 보니 역시 노인이 말해 준 대로 사찰은 폐허가 되어 있었다. 그곳에서 청년은 어머니의 영가천도를 위한 기도를 올리고 한양으로 향했다.

“장원급제요.”

어렵게 공부한 청년은 예상과는 달리 우수한 성적으로 장원급제를 했다. 청년은 마음속으로 어머님이 도와서 오늘의 결과가 있었다고 생각했다. 청년이 여주 원님으로 부임해 고향집에 가 보니 나룻터에서 겪은 대로 어머님은 자신과 인사를 하던 날 돌아가셨다고 이웃에서 일러주었다.

"그랬구나……."

고을 원님이 된 청년이 체험한 일을 알리자 시주가 넘쳐났고, 임금도 재물을 내려 사찰을 중창했다. 보은사는 조선 철종 때 다시 '신륵사'라는 사찰 이름을 되찾아 현재에 이르고 있다. 또한 신륵사 전탑 아래에는 나한님이 된 원님의 어머니가 지금도 머문다고 한다.

입에서 입으로 전해 내려오는 전설이기에 사실을 논하는 건 무의미하다. 하지만 사람들의 염원이 담긴 이야기에 이야기가 더해져 설화가 되는 만큼 거기에는 많은 사람들의 바람이 들어 있다. 동짓날 부엌에 몰래 와서 팥죽을 쑤어 놓고 가는 친근한 나한님이 부처님보다도 더 가까운 우리의 신앙대상이었던 것처럼.

물은 끊임없이 흘러간다. 한번 지나온 길을 거슬러 올라가지 않는다. 새롭게 만나고 부닥치는 일이 급해 보인다. 현실의 우리도 마찬가지다. 지나온 일을 반추하기보다는 오늘을 살아가기에 급급하다. 그렇게 삶의 대부분을 살다 마지막에 이르렀을 때 어떤 생각이 들까? 그저 뒤돌아보지 않고 열심히 내 일에 최선을 다한 것이 뿌듯할까, 아니면 한번쯤 뒤돌아보지 않고 앞만 보고 달려온 것이 후회스러울까?

그저 앞만 보고 달려왔다고 수고했다고 반기지는 않을 듯하다. 반겨 줄 이가 없을지도 모른다. 하지만 달려오는 과정 과정이 즐겁고 행복했다면 종착역이 그 어디인들 무슨 상관이랴.

유유히 흐르는 남한강을 끼고 강물 구경을 할 수 있는 코스와 사찰 경내 극락보전 뒤 솔숲에 있는 나옹선사 부도전으로 나누어 걸을 수 있다. 우선 일주문에서 우측으로 흐르는 남한강 물을 거꾸로 따라 올라가는 코스가 있다. 여름에는 바나나 보트가 달리기도 한다. 수량이 많은 남한강 물을 보며 걷는 그 자체만으로 속세에 찌든 마음을 정화할 수 있다. 사찰 중심으로 들어오는 입구에서 우측으로 다시 길머리를 돌려 걷다보면 다층전탑과 남한강 물을 바라보는 바위 위에 석탑이 자리하고 있다. 이곳에서 바라보는 남한강의 모습은 압권이다. 바위 전체를 기단석으로 삼은 석탑에서 나옹선사가 지은 선시(禪詩) 한 수 〈청산은 나를 보고〉를 음미해 보길 바란다.

청산은 나를 보고 말없이 살라하고
창공은 나를 보고 티없이 살라하네.
탐욕도 벗어놓고 성냄도 벗어놓고
물같이 바람같이 살다가 가라하네.

말없이 살라하네 푸르른 저 산들은
티없이 살라하네 드높은 저 하늘은
탐욕도 벗어놓고 성냄도 벗어놓고
물같이 바람같이 살다가 가라하네.

세월은 나를 보고 덧없다 하지 않고
우주는 나를 보고 갈곳 없다 하지 않네.
번뇌도 벗어놓고 욕심도 벗어놓고
강같이 구름같이 말없이 가라하네.

중심 법당인 극락보전 뒷길은 소나무 숲길이다. 계단을 따라 올라가면 고즈넉한 공간에 나옹선사의 부도와 탑비가 자리하고 있다. 천 년의 세월을 말없이 지키고 있는 부도를 보면 세월의 덧없음과 인생의 무상함을 느낄 수 있다. 사찰 입구의 장대한 위용을 자랑하는 은행나무와 고목이 된 향나무도 눈여겨보면 오랜 세월을 지내온 사찰의 역사를 읽어 낼 수 있다.

여 주   신 록 사 는 …

경기도 여주시 여주읍 천송리 282번지 봉미산에 위치한다. 대한불교조계종 제2교구본사인 용주사의 말사다. 신라 진평왕 때 원효가 창건하였다고 하나 확실한 근거는 없다. 고려 말인 1376년(우왕 2) 나옹선사가 머물렀던 곳으로 유명한데, 200여 칸에 달

하는 대찰이었다고 하며, 1472년(조선 성종 3)에는 영릉(세종대왕과 소헌왕후 합장릉) 원찰로 삼아 보은사라고 부르다가 철종 때 다시 신륵사로 불렸다. 중요문화재로는 보물 제180호인 조사당, 보물 제225호인 다층석탑, 보물 제226호인 다층전탑, 보물 제228호인 보제존자 석종, 보물 제229호인 보제존자 석종비, 보물 제230호인 대장각기비, 보물 제231호인 석등이 있다.

적멸숲길

죽음은 삶이란 동전의 뒷면
잘못 살면 죽음은 괴롭다

밀양 표충사 숲길에 난 샛길을 걷다보면 불쑥 나타나는 다비장. 연화장이라고도 불리는 이곳은 불교식 화장을 하는 장소다. 스님이 돌아가시면 시신을 수습해 이 연화장 위에 올려놓고 장작에 불을 붙여 화장을 한다. 이 적멸의 숲길을 걸으며 죽음에 대해 생각해 본다.

"다들 안 죽으려고 하는데 안 죽는다고 별거 있습니까? 죽음이 괴로운 건 잘못 살았기 때문입니다."

2011년 9월 입적한 안성 석남사 회주 정무스님이 매 시간을 의미있게 살아야 떳떳한 죽음을 맞이할 수 있다고 일갈한 법문이 떠오른다. 80세까지 병원도 다니지 않고 자신의 몸을 스스로 돌봤던 노선사의 선기가 충만해 보이는 대목이다. 스님은 그해 8월 대구 법왕사에서 기력

이 약해진 몸을 이끌고 마지막 법문을 했다. 그러고는 곧 영원한 적멸에 들었다.

"사람들이 몸이 아프면 병원을 찾게 되는데, 병을 고치려 한다면 병원을 찾아서 치료를 하는 것이 아니라 그 근본적인 치유법을 찾아가야 치료가 됩니다. 약을 먹으면 병이 치료됐다고 생각하지만, 실제는 그 약이 몸에 독이 된다는 사실을 알아야 합니다. 그러면 병이란 무엇입니까. 병은 내 삶의 잘못된 부분을 고치기 위한 치유활동입니다. 바로 병은 자기 자신의 삶의 결과물이기 때문에 그것을 바로잡기 위한 치유활동인 것입니다. 무절제한 생활, 나쁜 식습관, 유해 환경에의 노출, 심신의 스트레스, 운동 부족 등 이러한 잘못

된 생활습관 속에서 병이 생기는 것입니다. 의사가 우리 몸을 치유할 수 있는 것이 아니라, 바로 나 자신만이 병을 치유할 수 있습니다. 자세히 들여다보면 암·뇌졸중·당뇨병·고혈압·아토피 등은 바로 잘못된 생활습관에서 오는 질병입니다. 그렇다면 어떻게 해야 하겠습니까. 진정한 치유를 하려 한다면 '생활'을 바로잡아 면역력을 높이는 치료를 해야 합니다. 바른 생활, 즐거운 생활을 한다면 암은 사라질 것입니다. 바른 생활을 하고, 건강한 환경을 만들고, 바른 정신을 지니는 불자들이 돼야겠습니다."

칠순이 넘어서도 어린이 지도자 교육에 참석해 율동을 배우시며 새싹 포교에 열정을 보이셨던 스님의 적멸은 그저 '아름답게 보일 뿐'이다. 살아 있어도 적멸에 들어도 스님은 스님의 진면목을 아는 사람들의 가슴에서 영원히 살아 있다.

우리는 죽음에 대해 얼마나 알고 있고 그 죽음에 얼마나 대비하며 살아가고 있는가? 아직도 많은 이들에게는 생소해 보이는 질문이지만 한 번쯤 스스로 답을 찾아야 할 과제이기도 하다. 정무스님의 삶과 말을 통해 나름의 답을 찾아본다. 괴로운 죽음이 아닌 '웰다잉'을 위해 평소 삶을 어떻게 살아야 하는지 생각에 잠긴다.

표충사 숲길을 걸을 때면 삶과 죽음이 별개가 아님을 느낀다. 이 순간 이 숲길을 걷고 있는 나는 삶의 주체이지만, 언제든 죽음을 곁에 둔 존재임을 자각한다.

몇 년 전 두 명의 아름다운 죽음을 보았다. 법정스님과 김수환 추기

경이다. 이 두 성자는 살아서도 죽어서도 변함없이 아름다운 모습을 보여주었다. 종교를 초월해 그들의 삶과 죽음을 아끼던 많은 이들이 있었다. 그들은 지금 이 세상에 없지만 정말 죽은 것이 아니라 우리의 마음속에 영원히 살아 있다. 《반야심경》의 가르침대로 '불생불멸'이다.

육체는 여러 요소, 특히 땅·물·불·공기·의식으로 이루어져 있다. 이 다섯 요소가 각각 분리되면, 육체적 죽음을 경험한다. 죽는 것은 우리가 아니라 요소다. '사라지는 것은 없다. 그저 변할 뿐이다.'라고 한다.

죽음의 첫 단계는 땅의 요소가 물의 요소로 분리되는 것이다. 죽어가는 사람은 산 밑으로 끌어당겨지는 것처럼 가라앉는 느낌을 받는다. 밖으로 나가기를 원할 것이다. 죽어가는 사람은 산을 오르는 소리를 듣는다. 이 느낌은 가슴 차크라(에너지의 중심 센터)에 있다.

　그 다음 물의 요소는 불의 요소로 분리된다. 죽어가는 사람은 연기나 안개와 비슷한 환상을 본다. 울적해지고 육체의 감정을 잃어버린다. …… 불의 요소는 그 다음 바람의 요소로 분해되고 죽어가는 사람은 불꽃같은 환상을 경험한다. …… 죽어가는 사람은 언어 능력을 잃는다. 온기가 손발에서 가슴으로 물러난다. 더 이상 집중할 수 없다. 죽어가는 사람은 더 이상 그 누구도 알아볼 수 없다. 모든 지각이 사라지고 자신이 불에 타는 것처럼 느낀다.

● 예세 초드론 스님의 《일상속의 깨달음》 중에서

　호주에서 태어난 비구니스님이 티베트에 불교를 전한 파드마삼바바 성자의 가르침을 적은 내용이다. 우리나라에도 소개된 《티베트 사자의 서》에는 파드마삼바바가 죽음에 대해 구체적으로 서술하고 있다. 그 내용을 소개하려는 것이 아니라, 우리는 아주 유한한 삶을 살고 있다는 사실을 인식하며 살아가자는 것을 말하려 한다.

　우리는 언제부턴가 죽음을 잊어버리고 살아가는 듯하다. 일상사에 쫓기며 살아가는 현대인들은 특히 이 같은 자각을 하지 않고 불나비가 불 속에 뛰어들 것 같은 태세로 바삐 앞만 보며 달려가기도 한다. 어떤 사람은 몸이 이상 신호를 보내도 '아플 시간이 없다'며 제몸 돌보기에 무심하다. 특히 대부분의 가장들은 직장 생활을 하면서 받은 수많은 스트레스를 술이나 담배로 풀려고 한다.

죽음을 생각하는 것에 대해 혹자들은 "그건 염세주의에 빠지는 것 아니냐"며 핀잔을 주기도 한다. 혹자는 "살아가는 것도 바쁜데 다가오지도 않는 죽음을 항상 생각하라 하느냐. 그렇다고 세상 시름이 해결되는 것도 아니고, 죽음을 피해 갈 수 있는 것도 아니지 않느냐"며 자신들은 죽음과 무관한 듯 말을 한다.

그러나 모든 이는 항상 죽음을 염두하며 살아가야 한다. 인간은 유한한 삶의 운명을 가지고 태어난 유약한 존재들이기 때문이다. 어디서 와서 어디로 갈지 모르는 '우주의 사생아'인 우리가 살아갈 수 있는 시간이라고 해 봐야 고작 100년을 넘기기가 힘들다. 올 때도 그렇지만 갈 때는 더더욱 알 수 없다. 그런 우리가 죽음에 대한 문제를 경솔하게 다루고 있다가는 어느 순간 닥쳐오는 죽음 앞에 속수무책이 될 수밖에 없다. 후회스러운 죽음을 맞게 되는 것이다.

2011년 작고한 애플의 창업자 스티브 잡스 역시 첨단의 과학기술을 개발한 선구자였지만 생사의 본질인 웰다잉에 대해 늘 고민했다고 한다.

"죽음은 우리 모두가 공유하는 삶의 도착지이며 아무도 피해갈 수 없는 숙명입니다. 죽음은 삶에 있어서 가장 훌륭한 발명품입니다. 낡고 오래된 것을 치워버리고 새로운 것에 길을 열어줍니다. 여러분의 삶에도 끝이 있습니다. 인생을 낭비하지 마십시오. 다른 사람들의 생각에 사로잡혀선 안 됩니다. 여러분의 마음과 직감을 따를 용기를 가지십시오."

스티브 잡스가 2005년 스탠퍼드 대학의 졸업식에서 남긴 말이다. 자신은 하루하루를 인생의 마지막 날처럼 산다며 아주 오랜 시간 죽음에 대해 얘기한 걸로 보아 삶과 죽음에 대해 오랫동안 고심한 흔적이 보인

다. 이 시대의 아이콘 스티브 잡스를 있게 한 원천은 바로 생사에 대한 성찰이 아니었을까?

우리가 살아가는 세월은 너무도 짧다. 하루살이가 하룻만에 죽어가는 것을 보면서 그들에게 연민의 정을 느끼듯 우주의 거대한 시간 안에서 보면 우리는 눈 깜짝할 사이인 찰나에 살고 찰나에 죽는 개체일 뿐이다.

삶을 조금이라도 진지하게 살아야 하리라. 1초의 시간도 아껴 쓰고, 내가 이 세상에서 해야 할 일들이 무엇인가를 잘 살펴서 행해야 한다. 더욱이 죽음에 직면했을 때 가지고 갈 것이라고는 이 세상에 당신이 살아오면서 행한 행적만 남게 된다. 착한 일을 하면 그 업이 자신을 이루고 있는 개체에 에너지와 같은 기운으로 남아 있다가 그 과보(원인에 대한 결과로 선인선과, 악인악과)를 받는다. 그러니 좋은 일을 많이 해 그 복덕이 무량하다면 그 영혼은 우주의 윤회를 벗어나 천상에 머물며 영원한 복락을 누릴지도 모를 일이다.

우리는 《법화경》에서 비유하듯 불타는 집에서 사는 게 아닐까? 언제

여름길

죽을지 모르는 위급한 상황에 있으면서도, 정신을 차리지 못하고 욕심에 끌려서 불타는 집안에서 이리저리 돌아다니는 중생들같이 말이다.

부처님은 이 불타는 삼계의 화택에서 나와서, 더 높은 경지로 올라오라고 가르친다. 세상이 불타고 있는 집과 같다는 말은 언제나 이 세상은 불완전하다는 의미이다. 세상에는 선행을 하는 경우도 있지만 온갖 범죄가 일어나고 있기도 하다. 내가 원하든 원하지 않든 나와 이웃은 유한한 삶을 살아갈 수밖에 없는 운명을 가지고 산다. 갑자기 생각지도 않던 불행을 겪기도 하면서 슬픔에 빠지기도 한다. 그래서 이 세상은 고통의 바다인지도 모른다.

다비장 위 가득한 풀들은 모든 것은 변한다는 제행무상(諸行無常)을 설파한다. 표충사 다비숲길 가득한 소나무들도 언제인지 모르지만 송진을 채취하기 위해 난 상흔이 아직도 커다랗게 자리하고 있다.

> "'모든 형성된 것은 무상하다'고 분명한 지혜를 갖고 관할 때에, 사람은 고통에서 멀리 떠나간다. 이것이야말로 사람이 깨끗해지는 길이다."

● 불교 초기경전 《담마빠따》

불교는 현실을 고통으로 본다. 그 고통의 종류도 여러 가지다. 생로병사, 사랑하는 사람과 이별하는 고통, 원한이 있고 증오하는 사람과 만나는 고통, 바라도 얻을 수 없는 고통 등 다 참을 수 없는 고통이다. 고통이라기보다 괴로움에 가깝다. 괴로움은 세상의 불완전성에 의해

천년사찰 천년숲길

생긴다. 불완전성은 제행이 무상하기 때문이다.

이런 현실의 참 모습을 제대로 통찰해야 세상 고통에서 벗어나는 길을 찾을 수 있다. 연화장을 지나 사찰 경내에 이르니 사찰 뒤편에 우뚝 서 있는 재약산이 한눈에 들어온다. 사찰을 둘러싼 대나무 숲은 정갈한 사찰 분위기를 더해 준다. 번잡하지 않으면서, 너무 단순하지도 않는 아주 적당한 '중도의 미학'이다.

표충사 하면 떠오르는 동물이 있다. 몇 년 전 텔레비전으로 유명 스타가 된 토보살(토끼)이다. 법당 이곳저곳을 휘젓다가 예불시간만 되면 얌전하게 부처님께 기도하는 토끼, 사람들은 그를 '토보살'로 불렀다. 하지만 토보살도 벌써 인연이 다해 이 세상 동물이 아니었다. 기와에 새겨진 문구가 애달프다.

토보살 가시는 날
저희 엄마도 하늘나라 가셨네요
가시는 길 친구가 되셨네요.

◉ 2010년 5월 2일

세상이 불완전하고 생로병사와 갖가지 고통이 있음을 항상 인지하고 산다면 함부로 살 수 있을까? 무상한 것을 무상하다고 바르게 인식하고 받아들일 때, 무심히 흘러가는 시간들이 얼마나 소중한지를 알게 되지 않을까? 그래서 부처님도 "모든 것은 덧없이 변하니, 방일하지 말고 정진하라"고 마지막 유언을 남기지 않았던가?

걷기여행 포인트

주차장에서 걸어 들어와 표충사 경내까지 3km는 족히 걸린다. 자동차가 다니는 길도 있지만 들어오는 우측(나갈 때는 좌측)길은 산책로로 다비장(연화장)이 있는 길이다. 쭉쭉 뻗은 소나무가 천년 고찰의 분위기를 대변해 준다.

길과 잘 어우러진 표충사 계곡은 풍부한 수량으로 이름이 높다. 도로 길이지만 소나무 숲을 따라 구불구불하게 난 모습은 세상을 살아감에도 곧이곧대로 주의 주장만 펴지 말고 유연하게 살아가라는 무정설법인 듯하다. 사찰에는 불교관련 전각뿐만 아니라 유교풍의 전각들도 존재한다. 일부는 민간신앙을 융섭한 전각도 보여 불교가 민간신앙을 어떻게 끌어안았는지도 볼 수 있다.

표충사 경내만 둘러보면 아쉽다. 특히 걷기여행이라면 말이다. 사찰 뒤편의 산들늪을 꼭 한번 다녀오시라. '사자평'으로 널리 알려진 산들늪은 경남 밀양시와 울주군에 걸쳐 있는 재약산 고원지대에 위치한 250만 평의 광대한 늪지대다. 산이 들과 같이 넓게 펼쳐졌다 해서 '산들늪'이다. 7000만 년 전 화산폭발로 생성된 것으로 보인다.

가을이면 장관을 이루는 억새군락지로 재약산을 부채처럼 둘러싼 여섯 개의 봉우리와 더불어 절경을 이루는, 일명 영남알프스라 불리는 산악군의 중심에 자리하고 있다. 계절마다 새로운 모습으로 변해 관광객들의 발길을 모은다. 사자평 내에 위치한 산들늪은 국내 최대 규모의 고산습지로 원시상태의 생태계를 고스란히 간직하고 있어 생태학적으로 보존 가치가 매우 높다. 더불어 이곳은 나라가 위기에 처했을 때 구국의 등불을 높이 올린 사명대사가 승병을 모아 훈련시킨 유적지가 있고, 인근에 사적 129호인 백자가마터가 자리해 있어 역사적으로도 매우 의미가 깊다. 신라시대 때는 화랑도가 이곳에서 늠름한 기상을 펴며 세상을 호령하던 곳이 아니었나 싶다. 산들늪의 오염되지 않은 순수한 물줄기는 멀리는 경남·북 지역의 생명수인 낙동

강의 수원지이며, 가깝게는 경남 지역 30만 명의 주민들이 식수로 사용하는 밀양댐과 직결되어 있다. 산들늪에서는 생명과 자연이 어떻게 공존해야 하는가를 한번쯤 생각해 봄직하다.

밀 양 　 표 충 사 는 …

경남 밀양시 단장면 구천리에 위치한 표충사는 1,300여 년 전 신라 원효대사가 창건했다. 신라 태종무열왕 원년(654) 원효대사가 지금의 극락암 자리에 초암을 짓고 수도하던 어느 날 아침 재약산 쪽을 바라보니 대밭 속에서 오색 서운이 떠오르는

것을 보고 그 자리에 가람을 짓고 이름을 죽림사라 하였다.

그 후 홍덕왕 4년(829)에는 인도 스님 황면선사가 부처님 진신사리 세 개를 모시고 동방의 수려한 강산을 찾던 중 이곳에 들러 석탑을 세우고 진신사리를 봉안하였으며 영정사로 이름을 바꾸었다. 신라 진성여왕(889) 때에는 보우국사가 승려 500명을 모아 선풍을 크게 일으켜 동방 제2선찰이 되었다.

조선 현종 때(1839) 월파 천유화상이 임진왜란을 맞아 승병을 일으켜 큰 공훈을 세운 서산, 사명, 기허 3대 선사를 모신 무안면의 표충사를 이곳으로 이건하면서 절 이름도 영정사에서 표충사로 바꾸었다. 조계종 초대 종정을 역임한 효봉스님이 공부하고 열반한 서래각 선원은 동방 제일선원으로 알려져 있다.

표충사에는 청동함은향완(국보 제75호), 표충사 3층석탑(보물 제467호), 사명대사의 금란가사와 장삼(중요민속자료 제29호), 표충사 석등(경남도 유형문화재 제14호), 표충서원(경남도 유형문화재 제52호)을 비롯한 대광전, 만일루, 팔상전, 명부전 등 법당 건물이 모두 문화재로 지정되어 있다. 또한 절 주변에는 충충폭포, 금강폭포, 얼음골이 있고 산마루에는 사자평 초원이 있다.

소나무 숲길

바람에 실려온 솔 향기
속진번뇌 씻어내고…

'살아서 천 년, 죽어서 천 년을 간다'는 소나무는 우리 민족을 상징하는 토종 수목이다. 하지만 이제는 점점 사라져간다. 한반도에 밀어닥친 지구온난화로 침엽수에 속하는 소나무가 살아가기 힘들어졌기 때문이다.

'남산 위의 저 소나무 철갑을 두른 듯' 하는 애국가의 노랫말이 무색할 정도로 남산에는 소나무 대신 활엽수림이 우거져 있다. 황적색의 겉모습과 함께 속살 또한 붉은색이나 짙은 황색을 띠는 소나무는 나이테가 촘촘하여 나무를 다듬으면 더욱 윤기가 난다. 몸통이 굵고 재질도 단단해 잘 썩지 않아 조선시대에는 궁궐을 짓거나 왕실의 장례용 관을 짜는 데 사용되었다. 워낙 뛰어난 품질이기에 요즘도 문화재급 고궁이나 사찰 등의 복원에 쓰이는 귀한 존재다.

그 귀한 소나무 숲을 경상남도 양산의 통도사에서 볼 수 있다. 통도사 일주문을 지나 자동차길인 무풍교를 건너지 말고 우측으로 난 길을 선택하면 환상적인 소나무 숲길을 만날 수 있다. 1km가 넘는 소나무 숲길은 아마 전국의 사찰 가운데 최고라고 해도 과언이 아니다. 꿈길처럼 수려하게 펼쳐진 소나무 숲길은 보는 이로 하여금 탄성을 자아내게 한다. 수백 년은 됨직한 소나무가 즐비하다. 켜켜이 쌓인 소나무 껍질은 애국가 노랫말처럼 철갑을 두른 듯하다.

소나무는 아주 한국적인 그 무엇을 지니고 있다. 겨울에도 독야청청 푸른 기백은 우리 민족의 숨결을 닮았다. 일제강점기를 지나면서 일본 소나무가 들어왔지만 토종의 한국 소나무와는 비교할 바가 못 된다. 수

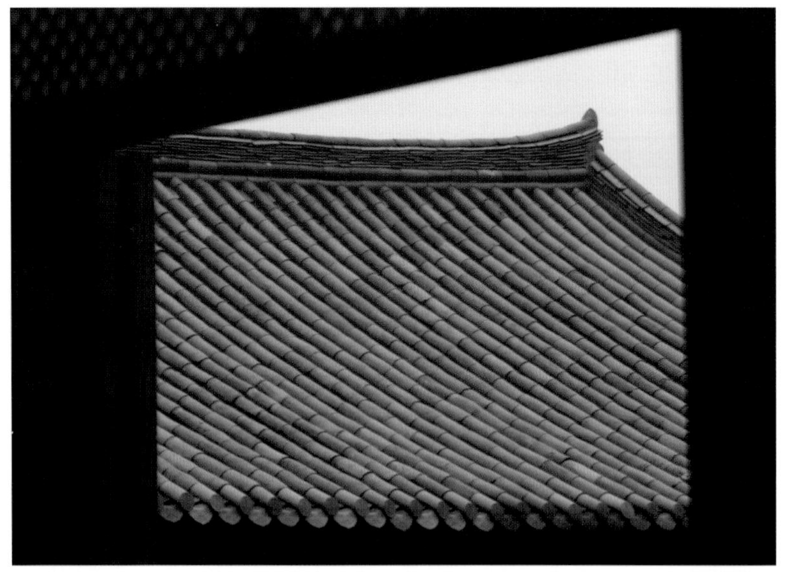

백 년 동안 한 자리를 지키며 묵묵히 세상을 바라본 통도사 소나무는
인간들에게 '욕심과 집착'을 버리라고 가르친다. 자신의 자리를 지키며
티 없이 살라 한다.

100년도 살지 못하는 유한한 인생사를 찬찬히 살피면서 살라고 한
다. 세속의 명리는 한순간이라는 사실을 일깨워 준다. 하늘을 찌를 듯
한 기개는 사시사철 독야청청한 소나무의 성품과 같다. 같은 공간에서
자라지만 상대를 간섭하지 않는다. 하지만 서로 다정하게 이야기를 나
누듯 적절한 자리를 차지하고 있다. 어떤 소나무는 넝쿨식물들에게 자
신의 몸을 내어주는 배려도 해 준다.

절집에서는 '못난 소나무가 산을 지킨다'는 표현을 쓰기도 한다. 잘
자란 소나무는 재목으로 일찍 낙점이 찍혀 베어 없어지고, 그저 구부정

한 소나무들만 나이를 먹어서도 산을 지킨다는 말이다. 이 말은 선지식들이 자신을 낮춰 겸손해 할 때 쓰는 표현이다. 몇 년 전 열반에 든 조계종 종정 혜암스님이 이런 말을 자주 했다. 자신은 그저 절집 안에서 한 일 없이 나이만 먹었다고 했지만, 혜암스님은 '공부하다 죽어라'는 유명한 말씀을 남길 정도로 치열하게 수행했던 고승이었다.

소나무는 올곧은 것만 아름다운 게 아니라 구부정하게 자란 것도 나름의 아름다움을 가지고 있다. 스님들도 오랫동안 절집에서 생활했다는 그 자체만으로도 높이 살만한 그 무언가가 있다. 아주 좋은 수행 습관을 익혀 왔을 터이기 때문이리라.

통도사 소나무 숲길에는 자동차가 없다. 아예 어울리지 않는다. 간간이 지나가는 자동차는 아주 이질적이다. 자연과 어우러지지 않는 어색한 그림 같다.

숲에는 언제나 공간을 지키는 새들이 산다. 어쩌면 이들이 숲의 주인일지도 모른다. 호젓하게 길을 걷다가 만나는 새들은 자연스럽게 친구가 된다. 숲과 한 가족이 된다. 숲길 옆에는 계곡이 흐른다. 숲과 계곡이 오래된 부부 사이처럼 자연스럽다. 여름철이라 흘러가는 소리가 우렁차다. 고요의 숲에 청량한 물소리는 영축산이 여행자에게 내어주는 선물이다.

물은 만물의 근원이다. 생명의 근원이기도 한 물소리를 들으며 걷는 통도사 소나무 숲길은 내면을 정화시켜 주는 치유음악이다. 그 어느 음악의 대가가 만든 멜로디보다 감동이 크다. 하여 늘 주머니 한 쪽을 차지한 이어폰을 굳이 찾지 않는다. 자연의 소리를 들으며 함께 호흡하기 위해서다. 번잡한 세상 소리에 찌든 내 귀도 호강을 시켜주고 싶다.

석등과 노송이 어우러져 한 폭의 동양화를 연상하게 한다. 소나무를 즐겨 그리는 어느 화가는 한겨울이면 꼭 이곳에 와서 오랫동안 소나무를 그렸다고 한다. 그만큼 통도사의 소나무가 풍기는 매력이 있기 때문이리라.

소나무 숲에 충분히 매료돼 걸었다면 이번에는 사찰 경내를 돌아보는 재미도 쏠쏠하다. 사찰 내 다양한 건물은 그냥 그곳에 서 있는 게 아니라 모두 이유를 가지고 있다. 부처님을 모셔 놓지 않는 가장 중심 건물인 적멸보궁에서부터 맨 아래 영산전까지 3단계로 나눠 배치된 사찰 구조는 조화롭다 못해 경이롭기까지 하다.

그중 적멸보궁 옆에 있는 자그마한 연못에는 재미있는 이야기가 전한다. 자장율사가 중국 당나라 오대산에 들어가 문수보살상 앞에서 기도를 드리던 중 문수보살이 화현하여 가사 한 벌과 사리 및 경책을 주면서 "신라국 남쪽 취서산(영축산의 옛 이름) 기슭에 독룡이 살고 있는 신비로운 땅이 있다. 거기에는 아홉 마리의 용들이 살면서 비바람을 일으키고 백성들을 괴롭히고 있는데, 그 연못에 금강계단을 쌓고 불사리와 가사를 봉안하면 큰 재앙을 면하면서 불법이 오랫동안 머물러서 천룡이 그곳을 옹호할 것이리라"고 계시를 내린다.

고국으로 돌아온 자장율사는 아홉 마리의 독룡 중 다섯 마리는 오룡동으로, 세 마리는 삼곡동으로 보냈으나 한 마리가 남았다. 이 용은 자장율사에게 간곡하게 청원했다.

"제가 이곳에 남아 지금까지의 잘못을 참회하면서 불법을 수호하겠나이다."

자장율사는 고민에 빠졌다.

"그동안 악행을 해온 네가 그렇게 살 수 있겠는가?"

"저를 이곳에만 남게 해 주신다면 무엇인들 못하겠습니까."

자장율사는 결국 허락을 했다.

"그래. 그러면 네가 사는 곳의 연못은 부처님의 사리가 모셔진 옆이다. 그리고 그 연못 이름을 구룡신지라고 부르겠다."

다시 소나무 숲을 향해 내려 온 길에서 부도원을 만난다. 어느 사찰보다 부도가 많아 사적비도 즐비하다. 오랜 역사 때문이기도 했지만 내력을 알아보니 사찰 곳곳에 흩어져 있는 것들을 한 곳에 모았단다. 수

행과 교화에 매진하던 선지식들의 수행이력이 알알이 새겨져 있는 부
도들이 나지막히 말하고 있다.

"삶은 무상하니 부지런히 공부해 생사의 윤회바퀴에서 벗어나라."

통도사 부도원

이름 남겨서 무엇 하랴.

명리를 남겨서 또한 무엇을 하리.

짧은 한 생 먼지같이 와서 가는 삶

다음 생에는 반드시 수행자 몸 인연 맺어

삼계화택(三界火宅) 면하는 참 자유인 되라 하네.

통도사 적멸보궁 앞에는 불자들이 장사진을 치고 사리탑을 올려다보며 기도에 여념이 없다. 때마침 특별히 개방한 적멸보궁 사리탑이다. 한여름에 땀을 철철 흘리며 기도하는 사람, 그들은 무슨 원력을 세우고 있는 걸까. 적멸보궁의 방석이 흥건하도록 땀 흘리며 기도하는 사람들을 보니 대단함을 넘어 경건해 보인다.

적멸보궁

2600여 년 전 당신의 입멸은
세상에 어둠이 사라지는
청천벽력 같은 날벼락이었지요.
서 말 닷 되의 사리 출현은
세세생생 진리의 환생
억겁의 숙업을 녹인 대사건이었지요.
그 인연이 인연을 이어
남섬부주 해동 대한민국
통도사 불지종가로 이어지니
이 한여름에도 원력 세워
기도하고 가피 받아
소원을 성취하누나.

통도사에는 유명한 통도 8경이 있다. 매표소에서 일주문에 이르는

무풍한송, 일출시 안양암에서 큰절 쪽으로 바라보는 경관인 안양동대
비로암, 서북쪽의 폭포 낙수 소리인 비로폭포, 자장앞 계곡의 풍광인
자장동천, 영축산의 풍광을 담은 극락암 연못인 극락영지, 백운암의
큰 북소리인 백운명고, 영축산성에서 바라본 노을인 단성낙조, 취운암
으로부터 들리는 저녁 종송인 취운모종. 어느 경치도 우월을 가리기 힘
들 정도로 빼어난 풍광을 자랑한다.

　숲길에 들어 가슴을 펴고 힘껏 숨을 들이마셔 본다. 어디에서도 느낄
수 없는 상쾌한 공기가 온몸 구석구석으로 스며든다. 내 안에 있던 모
든 번뇌가 씻겨나가는 느낌이다. 아름다운 숲길을 보며 눈을 맑게 하고
숨을 들이킴으로써 몸을 맑게 한다. 이곳에 참 잘 왔다는 생각이 든다.

걷 기 여 행   포 인 트

Walking point of natural forest

사찰의 유명세에 걸맞게 볼거리도 많고 걸어 다닐 곳도 많다. 우선 소나무 숲을 걷기 위해서는 일주문 앞에서부터 시작하는 게 좋다. 일주문을 지나 주차장에서 다리를 건너 아래로 내려오는 방법도 있겠으나 걷기여행을 선택했다면 일찌감치 일주문에서부터 걸어보기를 권한다.

통도사 일주문을 지나 무풍교를 바라보며 우측 길로 접어들면 소나무 숲길이다. 이곳에서부터 1km가 넘는 길은 말 그대로 환상적이다. 처음 이 길을 걷는 사람이라면 감탄사가 저절로 나온다. 우리나라 어느 소나무 숲길과 비교해도 뒤지지 않을 정도의 경관을 자랑하기 때문이다.

소나무 숲길 옆의 계곡은 해발 1,020m의 영축산에서 흘러내리는 물소리로 가득하다. 소나무 숲길을 지나면 통도사의 역사를 대변해 주는 거대한 통도사박물관이 위치한다. 불교계에서 가장 모범적으로 운영되는 박물관 가운데 하나인 통도사박물관에는 통도사를 알리는 다양한 유물이 전시되어 있으니 꼭 한번 들르기를 권한다.

통도사의 가람배치는 창건 이후 오늘날까지 각 시대별 건축양식을 오롯이 보여주는 건축사에서 유래 없는 사찰이다. 일반적인 전통에서 벗어나 냇물을 따라 동서로 길게 배치된 구릉지에 전각이 자리 잡고 있다. 신앙 형태에 따라 상로전·중로전·하로전의 세 가지 영역으로 나눠져 있다.

맨 아래 영역이 하로전이다. 이곳의 중심은 영산전이다. 석가모니부처님의 일생을 여덟 가지 중요한 사실들로 정리한 팔상탱화가 모셔져 있다. 벽면 내부에는 국내에서 유일하게 《법화경》의 내용을 그림으로 설명한 다보탑 벽화가 그려져 있다. 영산전을 중심으로 약사전과 응향각 만세루 범종각이 위치해 동서남북에 전각들이 들어선 이른바 사동중정형(四棟中庭形)이다.

그 다음 공간은 불이문을 지나 대광명전이 주축이 되는 중로전이다. 이 공간은 우선 세 동의 커다란 건물이 들어서 있는 품이 예사롭지 않다. 가장 중심이 되는 당우가 대광명전으로 이곳은 비로자나부처님을 모신 화엄신앙의 불전이다. 그 앞 용화전에는 미륵부처님을 모셨다. 그 앞이 관음전으로 말 그대로 관세음보살을 봉안했다. 용화전 앞에는 발우 모양을 본떠 만든 특이한 형태의 봉발탑이 있다. 이러한 형태의 석조물은 국내 유일한 것으로 장차 이 땅에 올 미륵부처님께 공양을 올린다는 의미가 담겨 있다.

적멸보궁을 중심으로 불사리탑이 위치하고 있는 상로전에는 통도사의 절
정을 보여주는 전각들이 서 있다. 적멸보궁은 대웅전 금강계단 등의 편액을
각 방향에서 달고 있고 이어 응진전 명부전 설법전이 자리하고 있다. 통도
사를 둘러 본 다음에는 인근의 서운암에 들러 야생화와 도자기로 만든 대장
경을 관람하는 것도 의미가 있다.

양 산 통 도 사 는 …

경상남도 양산시 하북면 지산리 583번지 
에 위치한다. 해인사 송광사와 더불어 한
국 3대 사찰의 한 곳이다. 부처님의 진신
사리가 있어 불보사찰이라고도 한다.
사찰 기록에 따르면 통도사라 한 것은, 이
절이 위치한 산의 모습이 부처가 설법하던 인도 영축산의 모습과 통하므로
통도사라고 지었다고 한다. 또 다른 기록에는 "승려가 되고자 하는 사람은
모두 이 계단을 통과해야 한다"는 의미에서 통도라 했으며, 모든 진리를 회
통하여 일체중생을 제도한다는 의미에서 통도라 이름 지었다고 한다.

통도사의 역사는 자장율사로부터 시작된다. 중국에서 유학하고 돌아온 자
장율사는 부처님의 진신사리를 모시고 왔다. 스님은 중국 오대산(청량산)에
서 수행하시면서 문수보살을 친견하고 부처님의 정골사리와 가사를 전수
받고 귀국한다.

스님은 우선 국가융성을 위해 황룡사 9층목탑과 태화사 탑에 사리를 나눠
모셨다. 그리고 통도사를 창건해 금강계단을 만들고 이곳에 부처님 정골사
리를 모시고 한국불교가 불지종가의 위상을 갖게 했다.

통도사의 금강계단은 조계종에서 스님이 되려는 모든 사람들이 이곳에서
율사로부터 계를 받는 곳이다. 통도의 특징은 부처님의 사리를 모셨기 때문
에 주 법당에는 불상이 없고 대신 거대한 불단인 수미단만 조각되어 있는
것이 특징이다.

등나무 숲길

어우렁더우렁 얽힌 넝쿨들
더불어 사는 법 가르치네

조계종의 전계대화상과 원로의원을 역임한 선지식인 성수스님. 그분의 출가 동기가 자못 호방하다.

"내 어렸을 적 별호(별명)가 '햇노인'이었어. 요샛말로 애늙은이라는 말이지. 왜 그런 별명을 갖게 됐는고 하니, 같은 또래의 친구들과는 놀지 않고 언제나 노인들이 모여 있는 곳에 한자리 차지하고 노인들이 주고받는 이야기에 빠져들기 일쑤였어."

그 노인들의 이야기 중에는 원효대사가 의상과 함께 당나라로 유학을 떠났다가 해골에 고인 물을 마시는 대목이 있었다.

"원효와 의상스님이 깨달음을 얻은 이야기라든가 왕의 고승들 앞에서 금강삼매경을 풀이하여 존경을 받았다는 이야기 등등, 원효대사의 대장부다움에 흠뻑 취해 언젠가는 나도 출가해서 원효대사와 같은 도인이 되겠다는 생각이 출가에 크게 작용했던 게지.”

열아홉 살 되던 해에 부친의 별세로 인생무상을 뼈저리게 느낀 스님
은 출가하기로 결심하고 가족에게 이를 털어놓았다. 이에 형님이 출가
를 막을 요량으로 동네 노인들의 허락을 받아 올 것을 명한다.

“형님께서 말하길, ‘네가 출가를 하면 내가 너를 못살게 굴거나 잘
다스리지 못해서 출가하는 줄로 동네 사람들이 오해를 할 테니 동네 노
인들의 허락을 받아오라’고 하는 거야. 나의 출가를 막을 속셈이었지.
그래서 동네 노인들을 죄다 찾아다니면서 10년 내에 원효대사 같은 훌
륭한 도인이 되어 돌아올테니 허락을 해달라고 애원도 하고 설득도 했
어. 그 결심이 너무나 간절해 보였는지 동네 노인들이 모두 허락을 했

어. 그리고는 동네 사람들이 모두 모인 자리에서 십 년 후에 반드시 돌아오겠다는 서약서를 쓰고 난 후에야 출가를 했어. 장가를 보내려고 준비해 놓은 옷 보따리를 지고 집을 떠날 때 어머니께서 흘리시던 눈물이 지금도 눈에 선해.”

일 년 동안 전국을 돌아다니며 스님들이 생활하는 것을 본 성수스님은 원효대사 같은 큰 도인은 없고, 스님들이 절에서 놀고먹는 사람들처럼 한심하게 보였다. 그러던 중 범어사에 당도했을 때인데 법당 앞에서 고래고래 소리를 질렀다.

“이 절에 원효대사 같은 큰스님이 있으면 내 앞으로 어서 나오시오. 내가 따질 이야기가 있으니 어서 나오시오.”

절이 떠나가라고 그렇게 소리를 질러대니 젊은 스님들이 성수스님을 쫓아내려고 애를 썼다. 이렇게 당돌하게 대들자 한 노스님이 나와 말을 걸었다.

“ ‘총각, 자네가 참 기특한 생각을 하고 있네.’ 하시며 나의 등을 툭툭 두드리시는 거야. 나중에 알게 되었지만 그 스님이 도인이라고 소문난 동산스님이었어.”

동산스님이 성수스님을 기다렸던 곳이 부산 범어사(梵魚寺) 일주문이다. 조계종 최대 문중인 ‘범어문중’을 형성하고 있는 범어사는 그 역사만큼 고승을 많이 배출한 곳으로 유명하다. 오죽하면 범어문중이겠는가? 한국의 법맥이 유유히 흐른다는 합천 해인사에 주석했던 전 종정 성철스님과 혜암스님, 법전스님도 모두 이 범어문중이다.

자욱한 안개가 금정산을 가득 덮은 날 찾은 범어사의 넉넉한 숲은 도심 속의 천년밀림이었다. 세상 한복판에 자리하되 별개의 색깔을 드러내는 곳, 범어사의 숲은 독특한 매력이 있다.

범어사라는 사찰 명에도 범상치 않은 뜻이 전해진다. 본디 범어사처럼 '고기(魚)'라는 용어가 들어가는 사찰명은 지극히 드물다. 범어사의 유래는 《동국여지승람》에 전한다.

> "금정산 산정에 세 길 정도 높이의 바위가 있는데 그 위에 우물이 있다. 둘레가 10여 척이며 깊이가 7촌쯤 된다. 황금색 물이 항상 가득 차 있고 가물어도 마르지 않는다. 한 마리 금빛 나는 물고기가 오색구름을 타고 범천에 내려와 그 속에서 놀았다 하여 금빛 나는 우물이란 산 이름과 범천의 고기 곧 '범어'라는 절 이름을 지었다."

도심 속의 사찰이라 그런지 범어사의 주말은 유독 분주하다. 학인 스님들이 마침 점심공양을 하러 가는지 삼삼오오 요사채로 향한다. 주말 등산객과 기도객들도 경내 곳곳에 가득하고 사찰은 더욱 활기를 띤다. 여기저기에 삼삼오오 모여 앉은 사람들 사이에서 불교이야기가 나온다.

"지장보살님은 말이야, 지옥중생들을 제도하기 위해 지옥에서 나오지 않는다 아이가."

"그라믄 지옥 가야 지장보살님 만날 수 있는 기가?"

"안 그렇겠나. 해도 그랄라꼬 죄 짓지는 말아야 한데이."

진한 사투리를 쓰면서 담소하는 모습이 정겹다. 그 앞에 수백 년 된 은행나무가 말없이 서서 사람들의 이야기에 귀를 기울이고 있다.

무정설법

오고 감을 말없이 보고 있다.

만물의 영장이라며 떠들다가

꽃잎 지듯 세상과 이별하는 모습들

100년도 못 사는 인간들에게

겸손해 하면서 하루하루를

의미 있게 보내라고 파르르

바람에 잎을 떨구고 있다.

일주문 아래 옆길로 난 등나무 군락지는 범어사를 대표하는 숲이다. 2005년에야 관찰로가 만들어졌다고 하니 그 전에는 야생상태로 수백 년 동안 있었다. 숲은 찾는 이에게 품을 내어준 대신 고즈넉한 여유를 잃은 고통을 감수한다.

혼자 걷는 길은 고독하다. 입은 굳게 다물어진 대신 평소보다 많은 생각들이 머릿속을 유영한다. 보기엔 침묵으로 일관하는 여정 같지만 그냥 침묵이 아니다. 잡다한 생각들을 정리하고 새로운 에너지를 창출하느라 바쁘다. 침묵은 영혼을 걸러내어 맑게 해 주는 거름망 역할을 한다. 혼자 걷는 길에는 새로운 나를 찾

아가는 등불이 켜진다.

침묵은 또 무슨 일이든 곱씹어 생각하게 하고, 더 나은 길로 안내하기도 한다. 옛말에 행동에 옮길 때는 몇 번이고 생각에 생각을 거듭해보라고 하지 않았는가? 좋은 방법이 혼자 호젓하게 걷는 것이다. 베트남 출신의 세계적인 고승인 틱낫한스님의 수행법인 행선(行禪)이 바로 걷는 수행이다. 자신을 조용히 관조하면서 한발 한발 걸어보는 수행이야말로 세상을 바꾸는 커다란 원천이다. 이런 일화가 있다.

틱낫한스님이 미국에서 어떤 사안에 대해 항의표시를 했다. 소위 스트라이크를 하게 되는데 그 방법이 침묵으로 걷는 것이었다. 처음 미국인들은 이 침묵의 시위를 도무지 이해하지 못했다. 자신들은 언제나 과격하게 무엇을 던지고 부수고 하는 게 항의의 표시였는데, 조용히 걷는

이 자체를 상식적으로 이해를 하지 못했다.

"이게 뭐야. 제대로 의사를 표현하지도 못하고……."

온갖 불만을 표출한 이들에게 며칠이 지나면서 사고의 변화가 오기 시작했다. 도무지 이해할 수 없었던 '침묵의 걷기 시위'에 대해 저마다의 결론들을 들춰냈다. 어떤 이는 아무것도 이루지 못했다고 했고, 어떤 이는 스님을 비겁한 사람으로 매도하기도 했다. 그 중 한 명은 이 침묵의 무저항 시위를 인도의 간디가 행한 '비폭력 시위'에 견주며 심오한 뜻이 있다고 주장했다.

이 의견을 들은 미국인들은 손바닥을 치면서 확철대오(廓徹大悟) 했다.

"그래, 맞아. 그거야. 그렇게 심오한 뜻이 있었던 거야."

이런 일이 있은 후부터 미국인들은 틱낫한스님을 살아 있는 부처님

으로 모셨다고 한다. 현재도 달라이라마와 함께 미국에서 추앙받는 종
교지도자 중의 한 명이기도 하다.

세상을 바꾸기 위해서는 반드시 혁명이 필요하다고 우리는 믿어왔
다. 그 방법으로 전쟁과 같은 폭력이 일반화되었다. 하지만 폭력의 한
계를 실감한 우리들은 더 이상 신뢰하지 않는다. 현시대에는 오히려 틱
낫한스님과 같은 조용한 실천에 의해 변화가 도래하고 있다. 그 조용한
정신의 혁명은 폭력에 의한 혁명보다 위대하고 영향력도 클 것으로 보
인다.

작은 생각의 변화가 사회를 바꾸고, 세상을 바꾸는 거대한 물줄기가
될 수 있다면 얼마나 아름다울까? 나를 맑게 하는 수행은 움직이든 머
무르든, 앉든 눕든, 말하든 침묵하든 차별하지 않는다. 조용히 자신을
돌아보고 내 안에 깃들어 있는 깨끗하고 맑은 심성을 드러내는 수행이
세상을 바꿀 수도 있을 거라 기대해 본다.

이것을 반드시 불교의 깨달음이라 구분 짓지 않아도 된다. 자신의 심
신을 편안하게 하고 나아가 세상의 평화에 일조할 수 있다면 그 무엇이
라 이름 지어도 무방하겠다. 범어사 숲 속에서 이런 생각이 드는 건 숲
이 방문객에게 전하는 지혜가 아닌가 싶다.

일주문을 나서려는 순간 산새가
사람 손바닥에 놓인 먹이를 먹고 있
는 재미난 광경을 목격했다. 범어
사에 새들이 많이 산다는 이야기는
익히 들어서 알고 있었는데 그 새들

천년사찰 천년숲길

이 사람들과 함께 노닌다는 이야기는 들어보지 못한 터였다. 사람에 대한 경계심을 완전히 풀어놓고 그저 먹기에 바쁜 새의 모습을 보니 이런 광경은 사찰에서만 가능한 풍경이 아닌가 싶다. 저 새들처럼 우리도 상대방을 믿고 신뢰할 수 있었으면 좋겠다. 목적을 위해 다른 이를 시험하고, 재고, 평가하는 불필요한 일은 더 이상 그만 하자.

왕성한 번식력에도 불구하고 경내를 침범하지 않는 등나무도 자신이 있어야 할 자리를 잘 알고 있는 듯하다. 범어사의 영물들이 인간세상의 살아가는 방법을 일러주고 있다.

구릉지에 세워진 사찰이라 각각의 층계에 전각이 건립돼 있다. 범어사를 걷다 보면 미로를 걷는 느낌을 받는다. 일주문에서 천왕문을 지나 불이문으로 이르는 길은 짧다. 하지만 끝이 보이지 않게 굽어 있다. 언제 도착할지 모르는 궁금증을 자아낸다. 처음 걷는 이들에게 범어사는 상당한 호기심을 자아내게 한다. 계단 역시 불규칙적으로 연결된다.

범어사에 가면 반드시 눈여겨봐야 할 곳이 있는데 일주문이다. 일주문은 '여기서부터 사찰입니다'라는 뜻을 지니고 있다. 대개 사찰 경내의 표시를 일주문에서 시작한다. 말 그대로 하나의 기둥을 말하지 않고 두 개의 기둥을 일렬로 세웠다는 의미다. 그런데 범어사 일주문은 둥글고 긴 네 개의 초석 위에 세 칸 구조로 만들었다. 가로로 쭉 늘어선 네 개의 돌기둥에 의지해 겹처마와 맞배지붕까지 올려놓았으니 상당히 불안정해 보인다. 마치 어른 몇 명이 밀면 무너질 듯하다. 하지만 이 일주문은 매우 안정적으로 서 있다.

그 이유는 완벽한 대칭 구조와 무거운 하중, 직경이 큰 돌을 주춧돌로 사용한 데에 있다. 또한 지붕을 떠받치는 공포(栱包)가 지붕의 하중을 분산시킨다고 한다. 그래서 기둥에 미치는 영향은 목재와 석재기중의 강도에 비해 무척 적다고 한다.

일주문을 보존하기 위해 오래전부터 기둥 밑을 파낸 뒤 소금을 넣어 두는 것도 하나의 비법이라고 한다. 지붕의 무게가 무거우면 얼마나 무거울까 생각했는데 자그마치 60톤(흙, 기와, 나무 등의 부재, 나무 구조물의 무게)이란다.

일주문과 천왕문을 지나면 범어사 중심 영역에 이른다. 대웅전을 중심으로 우측에 팔상전·독성전·나한전이 하나의 건물에 배치된 것도 특이하다. 나직한 담장을 끼고 좌측으로 내려오면 절집 가득 왕대나무가 보이고, 그 너머 육화행료 건물에서는 기와건물이 가진 미학의 극치를 볼 수 있다. 가로와 세로의 유려한 만남과 조화는 우리 조상이 왜 기와를 이용해 건물을 지었는지 의미를 가늠하게 해 준다. 암키와 수키와의 조화는 중국이나 일본에서는 볼 수 없다. 우리 사찰 건축물에서만 볼 수 있는 독특한 매력이다.

경내를 둘러본 뒤에는 등나무 숲길을 둘러보자. 이처럼 거대한 원시림이 부산시내에 있다는 게 믿어지지 않는다. 잘 만들어진 안내도에 따라 한 바퀴를 둘러보는 데는 한 시간이면 충분하다.

등나무 숲은 걷기의 압권이다. 1966년 1월 13일 천연기념물 제176호로 지정된 등나무 숲은 등운곡(藤雲谷)이라고도 한다. 등나무는 콩과에 속하는 낙엽성 덩굴식물로서 전체에 털이 많이 나며 한국에서는 중부 이남의 산이나 들에 자란다. 덩굴이 길게 뻗어 흔히 다른 나무의 줄기를 타고 올라가는데, 결국 그 나무를 죽게 한다. 하지만 이곳의 등나무는 범어사 옆 개천 주변에 무리를 이루어 자란다. 등나무가 집단을 이루는 것은 보기 드문 일이다.

사찰을 둘러보고 시간이 된다면 금정산을 올라갔다 내려오는 것도 의미가 있겠다. 더 시간이 된다면 금정산의 유래가 되는 전설의 금우물〔金井〕도 한 번 찾아가 보시라. 금우물은 동남쪽으로 이어지는 고당봉 바위 능선을 타고 500미터 정도 가면 나온다.

부 산　범 어 사 는 …

부산광역시 금정구 청룡동 금정산에 위치한다. 신라 문무왕 때 의상대사가 당나라에서 공부를 마치고 귀국하여 우리나라 국민들을 화엄사상으로 교화하기 위하여 전국에 세운 화엄십대사찰 중의 하나로서 창건됐다.

선찰대본산으로 명성이 높은 범어사는 부산시민의 허파인 금정산 기슭에 자리 잡은 대사찰이며, 해인사 · 통도사와 더불어 영남의 3대 사찰로서 영남불교의 중심축을 형성하고 있다.

고려시대에 최전성기를 누렸으며, 그때는 지금보다 훨씬 더 큰 규모였다. 임진왜란으로 인해서 절이 불탔으며, 1602년 복원되었으나 또 화재가 발생하였다. 대웅전과 일주문이 이 시기에 건설되었다. 2010년 12월 15일에는 화재로 천왕문이 소실되기도 했다.

전나무 숲길

숲 은 절 로 이 어 지 고
절 은 산 으 로 이 어 지 니…

꽃이 진 자리에 다시 꽃이 피어난다. 진 자리에는 아무것도 없는 것 같지만 없는 게 아니다. 보통 사람들은 꽃이 졌다고 하면 꽃이 영영 없어진 것으로 생각한다. 외형적인 모습으로는 그렇다.

하지만 꽃은 사라진 것이 아니다. 꽃은 다시 피어난다. 시간과 공간의 차이는 있겠지만 꽃은 반드시 다시 피어난다. 꽃이 아니면 다른 형태로 나타난다. 우선 수명을 다한 꽃은 유기물 형태로 땅에 묻힌다. 그 후 비바람에 분해되어 땅속 거름이 된다. 일년생 꽃도 생멸의 과정을 거친다. 꽃에 들어 있는 씨앗들이 땅에 떨어져 야생의 생명을 보듬는다. 그 이듬해에 싹을 틔워 새로운 꽃으로 환생한다.

만약 씨앗이 없다면 그 꽃은 다른 형태의 꽃에 자양분을 공급해 새로운 모습으로 몸을 바꿀 수도 있다. 일년생이 아니라 다년생 꽃이라면 당연히 뿌리에 생명력을 보관해 두었다가 이듬해 다시 같은 종류의 꽃을 피운다. 사람들은 그 꽃을 지난해와 똑같은 꽃이라고 하지만 기실 그 꽃은 그렇지가 않다. 모양과 형태는 비슷해 보이겠지만 완전히 다른 새로운 꽃임이 틀림없다.

불교에서는 이러한 자연의 이치를 색즉시공(色卽是空)이라 하고 공즉시색(空卽是色)이라고 한다. 보이는 형태의 색을 잘 관찰해 보면 그 실체가 없다는 말이다. 꽃이라는 형태가 보이는 것 같지만 잘 살펴보면 꽃은 다량의 수분과 색소 등이 조합되어 한시적 시간에 전시되어 있는 것이다. 인연에 의해 잠시 보일 뿐 영원성이 없다.

꽃이 이듬해 다시 피어나는 모습을 보면서 우리는 감동을 받는다. 자연이 연출해 내는 한 편의 영화 같다. 일상적인 현상이지만 매번 계절이 바뀔 때마다 펼쳐지는 자연의 작품에 새롭게 감탄한다. 그래서 인간은 '스스로 그러하다'는 자연(自然)이라는 말을 만들어 냈다. 하지만 실제 자연은 아주 불완전하며 항상 변화하는 연기(緣起)적 존재다.

이것이 있으므로 저것이 있고
저것이 있으므로 이것이 생겨난다.

이것이 사라지므로 저것도 사라지고
저것이 사라지므로 이것도 사라진다.

모든 것은 홀로 독립해서 존재할 수 없다는 말이다. 아주 어려운 말

인 것 같지만 일상사에서 항상 부닥치며 느끼는 실재(實在)의 진리다. 그것을 인간들은 몸으로 느낄 뿐 인식하려 하지 않는다. 이 세상 그 무엇 하나 하나가 모두 나와 연관되어진 '그물코'인데도 말이다. 《화엄경》에서 말하는 인드라망의 세계다.

내소사 전나무 숲을 찾은 이유는 다른 곳과 같은 전나무 숲이지만 내심은 전혀 다른 숲임을 몸으로 느껴보고 싶어서다. 꽃이 진 자리도 찾아보고 싶었다. 월정사 전나무 숲과 내소사 전나무 숲은 봉선사 앞 광릉의 전나무 숲과 더불어 우리나라 3대 전나무 숲으로 불린다. 그만큼 숲의 장대함이 으뜸이다.

내소사로 향하는 길의 저녁 공기는 후덥지근하기만 하다. 세속의 번뇌를 잔뜩 머금은 듯 하늘을 향해 온갖 불만을 표시하고 있다. 이따금

천년사찰 천년숲길

천둥번개로 변해 엄청난 굉음을 지르며 대지로 내리 꽂는다. 내소사 일
주문에 들어서자 퍼붓던 비가 갑자기 그쳤다. 아무 말 없이 수백 년 동
안 우뚝 솟은 전나무 숲에 이르러 투정을 멈춘 것 같다. 오랫동안 묵묵
히 자리를 지키며 서 있는 전나무들을 향해 최소한의 예의를 표시한 게
아닌가 싶다. 어쩌면 내소사의 주인은 절을 지키는 수행자가 아니라 가
장 오랫동안 절을 지킨 전나무가 아닐까?

하지만 이런 생각은 한순간에 물거품이 되어 버린다. 비록 숲을 이룬
군락으로 이름을 높이는 전나무들이지만 대웅보전 앞에 '떡' 하니 버티
고 서 있는 느티나무에는 비할 바가 아니다. 수령이 천 년은 됨직한 거
대한 나무의 위엄이 군락을 이룬 숲을 압도한다. 비록 한 그루의 나무
지만 인고의 세월을 견뎌온 경륜이 일천한 시간을 살아온 이들에게 무
언의 설법을 하는 듯하다.

내소사 느티나무

무엇을 보았다고, 떠들지 마라
당신이 본 것은
온갖 허상에 지나지 않으리니.

무엇을 들었다고, 떠들지 마라
당신이 들은 것은
지나치는 소음에 지나지 않으리니.

바위처럼 침묵하고 산처럼 태연하라

당신이 겪고 있는 모든 일들은

풀잎에 맺힌 이슬에 불과하리니.

《금강경》의 마지막에 나오는 사구게 구절이 떠오른다.

일체유위법(一切有爲法)　여몽환포영(如夢幻泡影)

여로역여전(如露亦如電)　응작여시관(應作如是觀)

"모든(일체의) 법은 꿈과 환상과 물거품과 그림자와 같고 이슬과 같고 또한 번개와도 같으니 마땅히 이렇게 볼지니라."

《금강경》은 이 세상사가 풀잎에 맺힌 이슬 같다고 비유하고 있다. 새벽안개에 맺힌 물방울이 살포시 풀잎에 앉아 있다가 해가 뜨면 사라져 버리듯 우리네 인생도 그렇다고 했다. 수억 겁의 긴 세월을 하나의 덩어리로 보았다면 백 년도 안 되는 인간의 삶은 충분히 그럴 수 있다. 그런데 왜 우리는 숨 돌릴 틈도 없이 피폐한 삶을 살아가고 있는가? 이런 삶을 살고 있다는 생각에 마음 한켠이 섬뜩해진다.

불완전하고 유한한 삶을 많은 사람들은 길고 긴 인생이라며 무의미하게 허비하기도 한다. 가야 할 이정표를 잃어버린 사람들에게 길은 멀어 보인다. 밤새 항해하는 배가 등대를 잃어버려 표류하는 것처럼. 망망대해에서 어디를 향해 가야 할지 모르는 이들에게 밤은 길고, 잠 못 드는 이에게도 밤은 길다.

인생은 결코 길지 않다. 갓난아이에서 백발성성한 노인이 될 때까지의 세월은 쏜살같이 지나가 버린다. 매 순간순간이 길게 느껴질 뿐이지, 지나고 보면 정말 눈 깜짝할 사이다. 짧은 세월 어떤 인연으로 이 세상에 태어나 살고 있으니 우리는 모든 이들과 더불어 행복하게 살아야 한다. 이 세상에 귀중하지 않은 존재는 하나도 없다. 아무런 의미 없이 태어나지도 않았다. 세상에 와서 좋은 일을 하고 가라는 사명과 의무를 갖고 태어난 존재로 알아야 한다. 내소사 전나무 숲의 꽃이 진 자리에 수북한 갈잎들이 이와 같은 무언의 설법을 내게 들려준다.

숲은 절로 이어지고 절은 산으로 이어진다. 그 속에는 아주 많은 사연들이 담겨 있다. 사람들은 이야기를 엮어 놓고 세세생생(世世生生) 나눈다. 절집에 드는 이들은 이 아름다운 이야기를 가슴에 새긴다. 단청 없는 나뭇결이 아름다운 내소사 대웅보전에 얽힌 이야기는 그래서 흥미를 더한다. 우리나라 사찰 가운데 꽃 창살이 가장 아름답기도 한 이 절에 어울리는 아름다운 이야기가 전해오고 있다.

시기는 내소사 대웅보전이 증축될 17세기 중반(1633년경)이다. 조실 청민선사가 원을 세워 불사를 시작한 이후 대웅보전은 좀처럼 지어지지 못했다. 그러던 어느 날 청민선사는 절이 아닌 사찰 밖에서 목수를 기다리고 있었다. 그때 절에 함께 살았던 사미승은 궁금해서 물었다.

"조실스님, 왜 절에서 기다리지 않고 여기서 기다리세요. 이러다가 언제 대웅전을 짓겠습니까?"

조실스님은 사미승에게 잠자코 기다리라는 엄명만 내릴 뿐이었다.

그러던 어느 날 조실스님이 있던 자리에 늙은 호랑이가 포효하며 나타났다. 호랑이의 안광은 석양의 노을 속에 이글거렸다. 아무 일 없었던 듯 청민선사는 주장자를 내리치며 소리를 질렀다.

"안 된다구. 대웅보전을 짓기까지는."

청민선사는 주장자를 들어 소나무 허리를 때렸다. '팽' 하는 소리가 나자 호랑이는 '어흥' 하는 외마디 울부짖음을 남기곤 어디론가 사라졌다. 그날 저녁 타버린 대웅전 주춧돌에 앉아 산을 내려다보던 청민선사가 사미승을 불렀다.

"너 일주문 밖에 좀 나가 보아라. 누가 올 터이니 짐을 받아 오도록 해라."

"이 밤중에 어떻게 일주문 밖을 나가라고 하십니까?"

"일주문 밖과 여기가 어떻게 다르기라도 하단 말이냐?"

마지못해 대답을 하고 간신히 일주문에 다다른 사미승은 가슴이 철렁했다. 무슨 기다란 동물이 기둥에 기대어 누워 있지 않은가. 입 속으로 염불을 외우며 다가서니 누웠던 사람이 벌떡 일어났다. 나그네였다.

"어서 오십시오. 스님이 마중을 보내서 왔습니다."

나그네는 아무 말 없이 걸망을 둘러메고 걸었다.

"손님, 짐을 저에게 주십시오. 스님께서 짐을 받으라고 하셨습니다."

나그네는 묵묵히 걸망을 건네주었다.

"손님은 어디서 오시는 길입니까? 이 짐 속엔 무엇이 들었길래 이리 무겁습니까?"

나그네는 대꾸가 없었다. 그는 다음 날부터 대웅전 지을 나무를 찾아

기둥감과 서까래를 끊었다. 다음에
는 목침만한 크기로 나무를 자르기
시작했다. 하루, 이틀, 한 달, 두 달
목수는 말없이 목침만을 잘랐다. 사
람들은 그가 미쳤다며 비웃었다. 그

러나 청민선사는 말없이 웃기만 했다. 어언 다섯 달. 목수는 비로소 톱
을 놓고 대패를 들었다. 목침을 대패로 다듬기 시작한 지 3년, 흡사 삼
매에 든 듯 목침만을 다듬었다. 그러던 어느 날 사미승이 물었다.

"여보 목수양반, 목침 깎다가 세월 다 가겠소."

목수는 잠자코 목침만 다듬었다. 사미승은 슬그머니 화가 나 목수를
골려 주려고 목침 하나를 감췄다. 사흘이 지나 목침 깎기 3년이 되던

날, 목수는 대패를 버리고 일어나더니 쌓아올린 목침을 세기 시작했다. 무수한 목침을 다 세고 난 목수의 눈에선 눈물이 주르르 흘렀다. 일할 때와는 달리 그의 얼굴에는 절망이 깃들었다. 연장을 챙긴 목수는 노승을 찾아갔다.

"스님, 아직 법당 지을 인연이 먼 듯하옵니다."

절에 와서 처음으로 입을 여는 목수를 보고 사미승의 눈은 왕방울만큼 커졌다.

"왜 무슨 까닭이 있었느냐?"

청민선사는 조용히 물었다.

"목침 하나가 부족합니다. 아직 경계가 미흡한가 봅니다."

그러자 청민선사가 말했다.

"대호선사여! 그대가 세운 대웅보전은 길이 법연을 이을 것일세."

이렇게 해서 목수로 화현한 대호선사는 기둥을 세우고 법당을 완성했지만 사미승이 감춘 나무토막은 '부정탄 재목'이라며 사용하지 않았다. 그래서 내소사 대웅보전(보물 제291호)은 지금도 한 개의 포가 모자란 채 옛 위용을 자랑하고 있다.

법당이 완성된 후 청민선사는 단청을 하려고 화공을 불러왔다. 그리고는 대중에게 엄격히 타일렀다.

"화공의 일이 끝날 때까지 아무도 법당 안을 들여다봐서는 안 되느니라."

화공은 한 달, 두 달이 지나도 밖에 나오질 않았다. 사람들은 법당 안에 그려지는 그림이 보고 싶고 궁금했다. 그러나 법당 앞에는 늘 목수가 아니면 청민선사가 지키고 있었다.

그러던 어느 날, 내소사에 함께 살던 선우스님이 몰래 법당 가까이 가서 문틈으로 법당 안을 들여다봤다. 참 이상한 일이었다. 그림 그리는 사람은 없는데 오색영롱한 작은 관음새가 입에 붓을 물고 날개에 물감을 묻혀 벽에 그림을 그리고 있지 않는가.

선우스님은 문을 살그머니 열고 법당 안으로 발을 디밀었다. 순간 큰 울음소리가 들리면서 새는 날아가 산 중턱에 머물렀다. 청민선사는 급히 관음새가 머문 자리에 관음전을 지었다.

나와 인연 맺는 모든 이들이 이생이 아니면 다음 생에서라도 큰 복락을 누릴 수 있도록 대웅보전 백의관음보살님에게 빌어본다. 법당에 좌정(坐定)해 침잠에 들어 천상으로 날아간 '관음새'는 내소산 숲 어느 곳에서 날개를 접고 편히 쉬고 있을까?

걷 기 여 행   포 인 트

내소사는 템플스테이 사찰이다. 벌써 10년 넘게 템플스테이를 운영하며 사찰 체험을 해 오고 있다. 인기가 있어 지역을 가리지 않고 많이 참가한다.

이렇게 인기가 좋은 이유는 변산반도와 능가산을 체험할 수 있는 트레킹 코스가 있기 때문이다. 4~5시간 걸리는 코스는 내소사를 출발해 내변산까지 차로 이동한 뒤 → 직소폭포 → 제백이고개 → 관음봉 삼거리 → 전나무 숲 → 내소사로 이어진다.

템플스테이에 참가하지 않을 시에는 일주문에서부터 이어지는 전나무 숲 길을 체험할 수 있다. 일주문에서 마주치는 숲길은 1km에 이르는데 전나무 수백 그루가 숲을 이뤄 하늘을 찌를 듯 뻗어 올라 있다. 터널을 이룬 전나무 아래로는 드문드문 산죽이 자라고 있다. 삼림욕을 하며 산책하기 적당한 코스이다.

내소사는 전나무 숲길뿐만 아니라 벚나무와 단풍나무 숲도 조성돼 있고, 대장금 등 드라마에도 자주 등장해 관광객의 발길이 잦다. 봄에는 벚꽃, 여름에는 신록과 녹음, 가을에는 단풍, 겨울에는 아름다운 설경이 전나무 숲길과 어우러져 한 폭의 동양화를 연상시킨다.

전나무 숲길 중간쯤에서 오른쪽 사잇길로 가면 지장암이 나오고, 왼쪽길로 들어서면 직소폭포로 이어지는 등산로가 나온다. 경내에 도달하기 전 전나무 숲길 중간 중간에 앉아 쉬어갈 만한 의자도 마련되어 있으니 잠시 새소리를 들으며 여유를 부려도 좋을 듯하다.

전나무 숲길을 빠져 나오면 능가산의 장대한 암봉들이 시야에 들어오면서, 천왕문을 거쳐 천년 고찰 내소사 절집에 들어서게 된다. 꽃 창살문과 대웅보전의 아름다운 전설, 국내 최대의 백의관세음보살을 친견하는 일도 빼놓지 말자.

여름길

전라북도 부안군 진서면 석포리 능가산 가선봉 기슭에 자리 잡고 있다. 백제 무왕 34년(633)에 '소래사'라는 이름으로 창건된 내소사는 창건 당시에는 대소래사와 소소래사가 있었는데 지금의 내소사는 예전의 소소래사다. 당나라 장수 소정방

이 절에 들러 시주했기 때문에 소래사가 내소사로 되었다는 말이 있지만 명확한 근거는 없다. 일제강점기에는 백양사의 말사로 있었으나, 지금은 대한불교조계종 제24교구 선운사의 말사이다. 경내 대웅보전은 보물 제291호로 지정돼 있으며, 고려동종도 보물 제277호로 지정돼 있다.

가을길

Autumn Forest

꿩숲길

바 스 락 거 리 는 낙 엽 소 리 에
인 간 과 자 연 이 하 나 되 네

옛 이야기에는 인간과 동물이 소통하는 내용이 많이 나온다. 인간이 두려워했을 법한 호랑이와 사자, 비교적 인간과 함께 생활하는 소와 돼지 등의 동물들이 의인화되어 자주 등장한다. 동물뿐 아니다. 조류들도 등장해 인간이 도움을 주면 은혜를 갚는다는 이야기가 빈번하다.

말을 못하는 미물들에게도 어느 정도의 인지능력이 있을 법하다. 하여 오랫동안 함께 지내면 어느 정도 의사소통이 될 수 있는 개연성도 있다. 특별한 능력을 가진 사람은 이들과 대화도 할 수 있다니 놀랍기만 하다. 아마존 밀림에서 살며 그곳에 사는 동물들과 이야기하고 그들 가운데 우두머리가 되는 타잔이야기도 그럴듯하다.

강원도 원주 태백산맥의 한 줄기인 치악산은 꿩과 인간의 인연이야

기로 산 이름이 지어졌고 관련된 사찰도 있는데 바로 상원사다.

　경상도에 한 선비가 살았다. 나이가 들어 과거를 보러 한양으로 출발했다. 한양 가는 길은 순탄치만은 않았다.

　선비는 길을 가면서도 길바닥에 나무막대기로 자신이 공부한 사서삼경을 쓰면서 과거에 대비했다. 그러던 중 굽이굽이 적악산 기슭을 걸어가다가 괴성에 깜짝 놀랐다. 숲 속에서 꿩의 비명 소리가 들려왔기 때문이다.

　"이 무슨 해괴한 소리란 말인가. 어디 짐승이 죽어가는 소리 같았는데……."

　선비는 주위를 둘러보았다. 언덕배기 구릉지에 있는 소나무 숲에서 바람이 '쏴아~' 하고 불어왔다. 그 아래 잔솔밭에 무슨 동물이 퍼덕거리고 있었다.

　"저게 뭐지. 분명 짐승이 누구에게 잡아먹히는 모양인데……."

　선비는 발걸음을 급히 재촉해 현장으로 가 보았다. 그곳에는 커다란 구렁이가 꿩을 잡아먹으려 하고 있었다. 몸집이 큰 구렁이는 꿩의 몸을 칭칭 감고 대가리를 벌려 통째로 꿩을 삼킬 태세였다. 구렁이는 곧바로 꿩을 먹어버릴 것 같았다.

　깜짝 놀란 선비는 소리를 쳤다.

　"이놈, 구렁이야. 이 세상 모든 미물은 태어날 때부터 그냥 태어나는 것이 아니다. 이 세상에 올 때는 원하는 바가 있어 오는데 너는 어이하여 이런 동물을 살생하려 드는 것이냐. 지금 당장 꿩을 놓아 주지 않으면 너에게 큰 화를 입게 하겠다.”

하지만 구렁이는 꿈쩍도 하지 않았다. 다급해진 선비는 등짐에서 활을 꺼냈다. 과거길이라지만 곳곳에 도사리고 있는 도적떼의 극성에 못이겨 자신의 몸을 보호하기 위해 가지고 다니는 호신용 활이었다. 활시위를 당긴 선비는 곧바로 구렁이의 몸을 향해 쏘았다.

화살을 맞은 구렁이는 꿩을 감고 있는 몸을 비틀면서 그만 죽고 말았다.

“내 너를 죽이려 하지는 않았다. 하지만 너의 무모한 살생의지가 업보로 다가와 그렇게 된 것이니 나를 원망하지 말아다오. 부디 다음 생에는 인간의 몸으로 태어나 부처님의 법을 만나 착한 업을 쌓길 바란다. 나무아미타불!”

선비는 지극한 마음으로 기도를 하고 길을 재촉했다. 산속의 해는 일찍 지는 법. 선비는 어둑해진 산중에서 인가를 찾아보았으나 사방이 어둑했다.

선비가 겨우 찾아낸 집은 어느 이름 모를 절집이었다. 그런데 그곳에서 이상하게도 흰 소복을 입은 여인이 나왔다.

“나는 과거를 보러가는 선비입니다. 길을 가다가 그만 날이 저물어 이곳 숲 속을 헤매게 됐습니다. 누추한 곳도 좋으니 하룻밤만 지낼 수 있도록 해 주시오.”

여인은 아무 말 없이 허름한 헛간채로 안내했다. 아무 말을 하지 않은 여인은 저녁밥을 차려다 주었다. 선비는 맛있게 저녁밥을 먹고 고단한 몸을 뉘였다. 한참을 잤을까. 몸이 부자연스러웠다. 몸을 뒤척이려 해도 마음대로 되질 않았다. 무슨 일이 있음을 직감한 선비는 눈을 번쩍 떴다. 자신의 몸을 커다란 구렁이가 칭칭 감고 있었다.

"이게 무슨 일이냐. 아무리 미물이라도 어찌 인간에게 이렇게 무엄하게 대할 수 있단 말이냐."

선비는 호령을 했으나 구렁이는 꿈쩍도 하지 않고 오히려 큰소리를 쳤다.

"네 이놈. 내가 누군지 알겠느냐. 나는 오늘 낮에 네가 죽인 구렁이의 부인이다. 네가 내 남편을 죽였으니 이제 내가 너를 죽여야겠다."

그때서야 선비는 사태를 직감할 수 있었다. 하지만 상황을 피할 수 없다고 생각하고 선비답게 행동하다가 최후를 맞겠다는 각오로 한 마디를 더 했다.

"그래. 내가 그 구렁이를 해쳤다. 하지만 그 구렁이는 불교에서 금지하고 있는 살생을 하려 했기 때문에 내가 벌을 내린 것이야. 나 역시 구렁이를 죽일 마음은 없었는데 상황이 그렇게 된 것이야."

구렁이는 혀를 날름거리면서 선비를 잡아먹으려 다가왔다. 죽기를 각오한 선비는 구렁이에게 말했다.

"내 이미 너에게 잡아먹힐 각오는 돼 있다. 하지만 너의 사연도 기구해 보이니 그 이야기나 들어보자."

구렁이는 순순히 자신의 이야기를 털어 놓았다.

"나는 전생에 이 절 주지스님이었다. 그러다 이 절에 종이 없어 범종불사를 시작했다. 하지만 견물생심이라 불사를 하는 도중에 물욕이 생겨 시주금의 일부를 개인용도로 사용했지. 부득이 범종불사는 해야 했기에 적은 비용으로 종을 만들었지. 그런데 종을 만들어 놓고 쳐 보니 소리가 나질 않았어. 그 업보로 다음생에 구렁이로 태어나게 되어 버렸다.”

선비가 말했다.

“참으로 너의 신세도 딱하기도 하구나. 네가 그 무거운 업보에서 벗어날 방법은 없는 것이냐.”

구렁이가 대답했다.

“있기는 하지만 아주 어렵다. 누구라도 저 소리 나지 않는 범종을 소리가 나게 울린다면 나는 구렁이의 몸을 벗고 인간으로 태어날 수가 있어.”

구렁이는 이어 선비에게 제안을 했다.

“날이 밝기 전에 이 절 뒤에 있는 종루에 종소리가 나게 해 다오. 그러면 너도 살 수 있고 나도 인간의 몸으로 태어날 수 있을 것이야.”

선비는 구렁이의 제안을 받아들였다. 선비는 자신이 가지고 다니는 활통을 메고 절 뒤뜰로 나갔다. 과연 구렁이가 이야기한 대로 종루가 있고 그 끝에는 종이 매달려 있었다. 그러나 그 종루가 얼마나 높은지 눈에는 손톱 끝만큼으로 보였다.

선비는 첫 번째 화살을 힘껏 당겼다. 시위를 떠난 화살은 종루에도 못 미치고 떨어져 버렸다. 두 번째 화살을 당겼다. 첫 번째 화살보다는 멀리 날아갔으나 종 옆을 스치며 지나갔다. 신중을 기한 선비는 세 번째 화살을 당겼다. 하지만 아쉽게도 범종 위를 지나쳐 버렸다. 크게 낙담한 선비는 고개를 숙이고 조용히 눈을 감고 죽음을 기다렸다. 그런데 이게 웬일일까. 절 뒤편 종루에서 희미하게나마 종소리가 세 번 울려 퍼졌다.

"데엥~ 데엥~ 데엥~"

구렁이도 깜짝 놀랐다. 분명 종루에서 들려온 종소리였기 때문이다. 그 순간 구렁이의 몸은 서서히 형태를 바꾸기 시작하더니 이내 사라져 버렸다. 선비는 자유의 몸이 되었다.

"이게 어찌된 일인가?"

날이 밝자 선비는 종소리가 난 종루로 달려가 보았다. 그런데 그곳에는 낮에 자신이 구해 준 꿩(까투리)과 그의 남편(장끼)이 머리에 피를 흘린 채로 죽어 있었다.

"그래. 낮에 본 그 꿩이 분명해. 이들이 나의 목숨을 살렸구나."

이런 일이 있고 난 뒤부터 적악산은 꿩이 보은(報恩)을 한 산이라 하여 '꿩 치(雉)' 자를 써서 치악산(雉岳山)으로 불렀다고 한다.

상원사는 자동차가 범접하지 못하는 사찰이다. 자동차 길이 끊어지는 성남 마을에서 절까지 오려면 산길 3km를 걸어야 한다. 발품을 두어 시간 팔아야 다다를 수 있는 절인만큼 감춰진 비경도 간직하고 있다. 호젓하게 가을 낙엽을 밟으며 오르는 산행길은 도시생활에 찌든 스

雉岳山上院寺
성담리 5.2km
영 원 사
2.8km Yeongwonsa(Temple)
10.5km 비로봉
Birobong(Peak)
0.7km 남 대 봉
Namdaebong(Peak)
해 발
1,084m

트레스를 한꺼번에 확 날려 보낼 수 있을 만큼 아름답다.

상원사 가는 길은 그리 피곤하지 않으면서도 적당한 운동이 될 만한 코스다. 화려한 산세가 아니면서도 큰 산이 지니고 있는 카리스마가 있다. 계곡의 유려한 곡선과 켜켜이 치악산을 둘러싸고 있는 주변 산들이 이뤄내는 조화는 '강원도의 미'를 느끼게 해 준다.

바스락거리는 낙엽 소리가 유난스럽다. 모처럼 나선 이번 산행은 오길 참 잘 했다는 생각이 든다. 많은 것을 갖추지 않고 그저 몸만 가져와도 큰 즐거움을 느낄 수 있는 게 산행이다.

나를 더 쾌적하고 신선한 곳에 모시는 행위 가운데 하나도 산행이 아닌가 싶다. 어쩌면 산은 인간의 몸이 가장 좋아하는 곳이며 인간의 근

본자리가 아닌가 싶다. 인체를 구성하고 있는 지수화풍(地水火風)의 4대 요소를 다 가지고 있는 곳이 산이 아니던가? 그래서 우리 선조들은 죽으면 산으로 돌아가지 않았던가? 자연에 자신의 몸을 고이 묻어 자연으로 돌아가는 매장의 장묘문화가 발달한 것도 이 같은 이유가 아닌가 싶다. 요즘에는 화장이 늘어나 자신의 몸을 불〔火〕과 일체화시켜 자연으로 돌아가기도 한다.

상원사에 도착하니 나를 반기는 손님은 사람이 아닌 도마뱀이었다. 주지스님은 만행길을 나섰는지 보이지 않는다. 법당 한켠에서 부지런히 몸을 놀리던 도마뱀 녀석은 내가 반가웠는지 도망도 가지 않고 혀를 날름거린다. 마치 내게 "먼 곳에 방문해 주어서 반갑다"고 인사를 하는 듯하다. 그가 내 말을 알아듣지는 못할지라도 맞대응을 해 준다.

"그래그래 도마뱀아. 반갑다."

어릴 때 시골에서 뱀을 만나면 무서워 도망치거나 적개심을 가지며 공격하기도 했지만 도마뱀은 그렇지 않았다. 어른들은 도마뱀을 만나면 재수가 있다며 즐거워했고, 행여나 도마뱀이 꼬리를 떨어뜨리고 도망가면 그것을 주머니에 넣어 마치 '행운을 주는 부적'처럼 여겼던 기억이 난다.

상원사에서 치악산을 내려다보니 문득 운문선사의 '체로금풍(體露金風)'이라는 화두가 떠오른다.

"나무가 시들어 메마르고 잎이 떨어졌을 때는 어떻습니까?"

"가을 바람에 나무의 본체가 완전히 드러나지."

산 아래서 불어오는 바람에 가식 없는 나의 본 모습이 보이는 듯하다.

걷기여행 포인트

산행과 사찰 가는 길이 일치한다. 왕복 산길은 6km가 되고 시간으로도 네 시간은 넉넉히 잡아야 한다. 강원도 산행길에는 보통 침엽수림이 우세한데 이곳은 활엽수림이 주축이다. 그래서 가을에는 활엽수가 주축을 이룬 노랗고 붉은 단풍을 함께 만날 수 있다. 형형색색의 단풍이 계곡 연못에 떨어져 있는 모습은 가히 '조락의 미'를 찬탄할 만하다.

상원사 가는 길의 또 다른 매력은 단순함에 있다. 평범한 활엽수림이 밀림처럼 빽곡한 길이 계속돼 그저 걷는 즐거움만 있다. 산새들이 친구요, 맑은 가을 하늘이 벗이 된다. 덤으로 바스락거리는 낙엽 사이를 오가며 먹이를 구하는 다람쥐와 청설모의 부산 떠는 모습도 볼 수 있다.

해발 1,000m에 조금 못 이르는 곳에 우물터가 있다. 여기서 목을 축이고 곧바로 오르면 상원사다. 치악산 이름을 만든 사찰치고는 소박하다. 교통이 불편해서인지 불사가 화려하게 돼 있지도 않다. 고즈넉한 정취가 풍기는 산사에 '보은의 종'을 비롯해 아주 오래전에 해 놓은 듯한 불사 흔적만 있다. 사찰살림이 어려운 와중에도 인도 다람살라에 서 있는 티베트 망명정부를 돕는 모금함이 설치돼 있는 게 특별나다. 언제까지 계속될지는 모르겠지만 참으로 아름다운 마음이다. 상원사 범종루에서 산 아래 모습을 볼 때면 '참 잘 왔다'는 생각이 들 정도다. 사찰에 거의 다 이르러 물이 있는 만큼, 산행을 할 때는 식수를 적당량 준비해 가는 것도 즐거운 산행의 필수품이다.

가을길

강원도 원주시 신림면 성남2리
치악산에 있다. 치악산 남쪽 봉우
리인 남대봉 바로 아래 위치한 상
원사는 설악산 봉정암과 지리산
천왕봉 아래 법계사 다음으로 높
은 곳에 자리한다.
신라 때 의상대사(혹은 무착선사)
가 창건했다고 전하는 상원사는

치악산 남대봉(1,182m) 바로 아래의 해발 1,084m 고지에 자리해 있어 자연
환경이 그대로 보존되어 있다. 대웅전 앞에 있는 쌍탑은 신라 석탑의 양식
으로 지방유형문화재 제25호로 지정되었다. 사찰 절벽 앞에는 꿩의 전설이
담긴 범종이 걸려 있는 범종각이 자리하고 있다.

가을길

금강송길

솔 향 가 득 한 구 룡 계 곡 에 는
아 직 승 천 못 한 용 이 살 까?

　　　　　백두대간의 주맥이 오대산을 거쳐 서쪽으로 태
기산을 지나 치악산에 이른다. 해발 1,288m의 치악산은 빼어난 산세
를 자랑하며 구룡계곡을 만들어낸다. 구룡계곡은 깊고 평탄하면서도
무성한 숲으로 덮여 있어 수량이 많고 맑은 계류가 사시사철 독특한 멋
을 지녔다. 조선시대에 이르러 궁궐을 지을 때 사용한 양질의 소나무인
황장목(금강송) 숲이 조성된 곳이다.

　　나무의 중심이 단단하고 붉은 색깔을 띠는 양질의 소나무를 일반 백
성들이 도벌하지 못하도록 조정에서는 '황장금표(黃腸禁標)'라는 표지
석(현재 사찰 입구에 보관돼 있다)을 세워 놓기도 했다. 숲이 울창하다고 산
이 유명한 것은 아니다. 이미 황장목 숲이 가꾸어지기 전부터 천년 고
찰 구룡사가 세워져 부처님 가르침을 세세생생(世世生生) 전하며 우리

민족의 정신을 살찌워왔다.

강원도 지정기념물 제30호인 황장금표 
는 학곡리 구룡사로 들어가는 입구(매표
소)의 왼쪽에 위치하고 있다. 인근에 추가
로 발견된 것도 있다. 이 금표는 품질 좋
은 큰 소나무가 있는 국가 지정 보호 국
유림의 경계표지로써 황장목을 생산하기
위해 일반인의 도벌을 금지하는 경고표
시로 설치된 것이다. 예로부터 왕실에서 소요되는 각종의 필수품은 전
국에서 생산되는 특산물 가운데 가장 양질의 것을 진상하게 하였는데
황장목도 그 중의 하나다.

황장목이란 수심 부분의 색이 누렇고 몸이 단단한 질이 좋은 소나무로써 그 용도는 다양하나 주로 왕실에서 신축 건물을 세울 때 쓰이는 재목을 말한다. 일종의 보호림 표식이라고 할 수 있는 금표제도는 조선 초기부터 있었다. 치악산은 질 좋은 소나무가 많을 뿐 아니라 강원 감영이 가까워 관리에 유리했다. 또 한강 상류에 자리하여 뗏목으로 한양까지의 운반도 편리하였기 때문에 조선 초기에는 전국 60개소의 황장목 생산지 가운데서도 이름난 곳으로 손꼽혔다.

치악산 구룡계곡에 이르면 구룡사 이정표가 반긴다. 입구에 늘어서 있는 울울창창(鬱鬱蒼蒼)한 소나무 숲이 방문객의 호흡을 가뿐하게 만든다. 숲에서 얻을 수 있는 즐거움이 이런 것이리라. 곧바로 이어지는 계곡에는 가을 가뭄철임에도 불구하고 물 흘러가는 소리가 우렁차다. 상쾌한 공기와 물소리를 듣는 것만으로도 한결 마음이 홀가분해진다.

구룡사로 향하는 숲길은 하늘을 찌를 듯한 소나무들이 여기저기 즐비하고 수백 년은 된 듯한 상수리나무와 그 사이사이로 생강나무며 밤나무들이 조화를 이루고 있다. 각양각색의 생명체들이 조금씩 곁을 내주며, 어우러지며 함께 살고 있다. 그래서 이 숲을 지나는 사람들은 상생의 지혜를 자연스레 터득하게 된다. 인기척에 밤톨이 뚝뚝 떨어지자 알밤을 주우려는 다람쥐들이 사람을 두려워하지도 않고 숲에서 얼굴을 내밀고 있다.

일주문을 넘는 길목에는 거대한 상수리나무가 우산이 되어 그늘을 만들어 준다. 다시 울창한 숲길이 이어지는가 싶다가 평탄한 곳에 부도밭이 나온다. 천 년의 세월을 거치면서 가람을 수호하다 적멸에 들었을

수많은 고승들의 흔적이 돌에 고스란히 새겨져 있다. 그 은은한 가르침
이 돌이끼가 되어 천 년의 세월을 관통하고 있다.

구룡사에 이르기 전 숲길에는 가을 소식을 전하는 문학의 향연이 진
행되고 있다. 가을 소식을 가득 담은 유명 시인들의 시들이 실크스크린
으로 만든 화폭에 오롯이 새겨져 오가는 이들의 마음을 흔들고 있다.

어둠이 묻어 있는 구룡골

산새와 풀벌레,

심장을 뛰게 하는 솔향

새날 주심에

감격으로 여명을 맞는다.

밤새도록 기도했을

구룡골 물소리 따라

마음과 지체가 상한 영혼들 ……

어떤 이는 세 발로 어떤 이는 네 발로

홀로서기 순례를 한다.

◉ 이재하의 <잠시> 중에서

구룡사에는 아홉 마리의 용과 관련된 창건설화가 유명하다. 이 설화
로 인해 사찰 이름도 '구룡사'로 했다고 한다.

중국 유학을 마치고 신라의 전 국토에 부처님의 가르침을 널리 펴겠다

는 원력을 세운 의상스님은 강원도 원주 땅에도 도량을 건립하리라 마음먹고 터를 물색하다가, 관서지방의 거산(巨山)인 치악산으로 향했다. 계곡이 울창하고 물길이 힘찬 구룡골에 접어 들어 스님은 발길을 멈췄다.

"과히 명당이로구나. 백두대간의 주맥이 오대산을 거쳐 서쪽으로 태기산을 지나, 치악산에 이르고 있어. 이곳은 천 년이 지난 신령스러운 거북이 연꽃을 토하고 있고, 영험한 아홉 마리의 용이 구름을 풀어 놓는 형상을 한 천하의 명당이야."

스님은 사방을 둘러보았다. 동쪽으로는 주봉인 비로봉이 우뚝 솟아 있어 커다란 기운을 형성하고 있고, 다시 천지봉에서 떨어지는 산맥의 기운이 앞을 가로지르고 있었다. 구룡골 계곡의 수량도 풍부하고 울울창창한 수목들이 뿜어내는 경치도 좋았다.

"이곳에 도량을 세우면 능히 천 년은 넘게 불연(佛緣)이 이어질 게야."

의상스님은 가만히 터를 훑어보다가 깜짝 놀랐다. 도량이 들어서기 어려운 장애가 나타난 것이다.

"어허, 큰일이로고. 대웅전이 들어서야 할 자리에 연못이 있으니 이 일을 어찌할꼬."

문제는 더 있었다. 그 연못에는 오래전부터 아홉 마리 용들이 하늘로 승천하지 못하고 살고 있었던 것이다. 그렇지만 의상스님은 큰 뜻을 위해 작은 뜻은 접어야 한다고 생각하고 연못을 없애기로 마음먹었다. 그러자 연못 속에 살고 있던 아홉 마리의 용들도 적극적으로 항거하기 시작했다.

"스님, 너무하십니다. 저희들은 미물에 불과하오나 지금까지 승천의 꿈을 꾸며 이곳에서 살고 있었는데 연못을 메우려 하다니요. 더구나 스님은 부처님의 자비심을 가르치는 분이 아니십니까."

의상스님은 단호했다.

"어찌하겠느냐. 부처님의 도량을 만들 수 있는 가장 좋은 자리를 너희들이 차지하고 있으니 자리를 양보하고 다른 곳에 가서 살도록 하여라."

자신들의 터전을 빼앗길 위기에 빠지자 용들은 가만히 있지 않았다. 용들은 온갖 도술을 부리며 의상스님의 의도를 막으려 하다가 결국 의상스님에게 제안을 했다.

"우리 서로 내기를 해서 우리가 이기면 대사가 이곳에 절을 못 지을 것이요, 지면 선뜻 자리를 내어드리겠습니다."

의상스님이 동의하자 용들은 연못에서 날아 하늘로 치솟더니 청천벽력과 함께 우박 같은 장대비를 쏟아놓았다. 삽시간에 계곡이 넘쳐 스님이 있는 곳까지 잠겨버렸다. 그 바람에 근처의 산들은 삽시간에 물에 잠기고 온통 물난리가 났다.

그러나 의상스님은 용들의 계략을 이미 알고 있었다. 그래서 비로봉과 천지봉 사이에 배를 띄워 놓고 그 위에서 낮잠을 자고 있었다.

"이만하면 스님은 이미 물귀신이 됐거나 물고기 밥이 되어 이 세상 사람이 아닐 것이야."

용기가 탱천한 용들은 의상스님의 시신이라도 거두겠다는 생각으로 두리번거렸다. 그러다가 배 위에서 유유히 노닐고 있는 스님을 발견하고는 화들짝 놀랐다.

"어, 어떻게 여기에 있는 것입니까."

의상스님은 깊은 단잠에서 깨어난 듯 기지개를 켜고 일어났다.

"그러면 이번에는 내가 재주를 부려 볼까."

스님은 붓을 꺼내 부적을 한 장 그려서 아홉 마리 용들이 살고 있는 곳에 집어 던졌다. 그러자 연못이 갑자기 부글부글 끓기 시작했다.

"아이고 뜨거워라. 연못 바닥에 화산이 폭발한 것 아니야? 여기에 남아 있다가는 익어버리고 말 거야. 빨리 도망가자."

용들은 오랫동안 머물고 있던 정든 연못을 빠져 나와 바삐 동해바다로 달아났다. 뜨거운 물에 쫓겨 달아나던 용들이 얼마나 다급하게 꿈틀거렸던지 구룡사 앞산에는 여덟 개의 골짜기가 생겨났다. 그 중 눈이 멀어 미처 도망가지 못한 용 한 마리는 대웅전 옆의 '소(沼)'에 숨어들었

다. 훗날 이 용은 큰 장마를 만나 하늘로 올라갔다고 하며 그 자리를 '구룡소'라고 부른다. 의상스님은 용들이 달아나자 연못을 메우고 사찰을 창건한 뒤 '아홉 마리의 용이 살았다'는 뜻을 넣어 절 이름을 '구룡사(九龍寺)'라고 불렀다고 한다.

세월이 흘러 구룡사는 당시 '아홉 구(九)' 자를 쓰는 사찰 이름 대신 '거북 구(龜)' 자를 쓰게 되었다. 거기에 얽힌 설화도 전한다.

구룡사는 수행도량으로 이름을 날렸지만 오랜 시간이 흐를수록 흥망성쇠를 달리했다. 더욱이 조선시대에 접어들어 불교가 배척당해 어려움이 더 컸다. 설상가상으로 궁중에서 치악산에서 나는 산나물을 공출하자 구룡사 스님들이 공납 책임을 맡으며 민심이 흉흉해지기 시작했다.

이유는 구룡사 스님들이 치악산을 드나드는 사람들을 통제하는 과정에서 소정의 뇌물이 오갔기 때문이다. 일각에서는 산나물을 모으는 과정에도 스님들이 개입하면서 뇌물을 받는 일까지 생겼다. 결국 사찰은 일반 민중들과 사이가 벌어지기 시작했고, 자연스럽게 사찰은 쇠락하기 시작했다.

그때 한 노스님이 나타나 한탄조로 말했다.

"구룡사는 물질적으로 풍성하기는 하나, 수행도량으로서 운은 다 되었소. 그러니 이곳에 머무는 스님들도 하루빨리 도량을 떠나시오."

구룡사에 머물던 대중들은 덜컥 겁이 났다. 가뜩이나 어려운 시기에 절을 떠난다는 것은 더 큰 어려움이 닥친다는 것과 같았다.

"무슨 좋은 방법이 없습니까?"

"한 가지 방법이 있기는 합니다만……."

노스님은 말끝을 흐렸다.

"그게 무엇입니까?"

다급해진 구룡사 스님들이 다그쳤다.

"지금 구룡사가 어려움을 겪고 있는 것은 절 입구에 있는 거북바위 때문입니다. 그러니 저 바위를 없애버리면 지금의 쇠락 기운은 멈춰질 수 있을 것이오."

사찰 스님들은 석수장이를 불러 재빨리 거북바위를 반으로 갈라 버리도록 지시했다. 하지만 구룡사의 사세는 좀처럼 회복되지 않았다. 가난에 쪼들린 스님들은 하나 둘씩 사찰을 떠나갔다.

그러던 어느 날 또 다른 노스님이 사찰을 지나가다가 구룡사 주지스님을 찾아 질문을 했다.

"과거 이 절 앞에 거북바위가 있지 않았습니까?"

"네, 그런데 스님은 어떻게 과거의 일을 잘 알고 계시는지요?"

"이 절이 왜 이렇게 쇠락하는지 주지스님은 모르고 있군요."

"그게 무슨 말인지……."

노스님은 찬찬히 말을 이었다.

"원래 이 사찰은 절 입구에 있던 거북바위가 기운을 지키고 있었소. 그런데 누가 이 바위를 쪼개버려 혈맥을 끊었으니 운이 막혀 버렸소."

주지스님은 노스님에게 물었다.

"무슨 방법이 없겠습니까?"

"거북바위의 맥은 끊어져 버렸으니 다시 살릴 수는 없지요. 대신 죽

은 거북의 이름을 살려서 사찰 이름을 구룡사(龜龍寺)로 바꾸면 분명 효
과가 있을 것입니다.”

노스님이 시키는 대로 사찰 현판을 바꾸자 기울었던 사세는 점점 살
아났고 다시 대찰을 이루면서 천년 고찰의 형태를 갖출 수가 있었다고
한다.

용과 거북이 노닐던 구룡사는 지금도 천년 고찰의 위용을 자랑하고
있다. 천년 숲도 고스란히 보존돼 많은 등산객과 기도객들이 구룡사를
찾는다. 치악산 구룡사 계곡은 사찰이 있어 숲이 보존됐을 정도로 숲과
숲을 지키는 사람들의 손길이 적절히 조화를 이루고 있다.

사람의 손길이 닿지 않는 숲은 어떤 모습으로 생명력이 이어질까? 원
시림으로 초년의 모습을 지키는 것이 더 적절할지, 함께 하는 이의 손길
이 더해지는 것이 좋을지 가늠하기 어렵다. 다만 월정사 전나무 숲, 내
소사 전나무 숲, 광릉 봉선사 숲 등 전국의 유명 숲길은 모두 사찰과 더
불어 살아온 수행자들의 보살핌 덕택에 그 자태를 오랫동안 유지했을
것 같다는 생각을 해 본다. 혹자는 명산에 사찰이 있기 때문이라 말하겠
지만 명찰이 없었다면 명산의 위용은 지금보다 덜하진 않았을까.

깊어 가는 가을 마음이 적적한가? 그렇다면 원주 구룡사로 가 보시
라. 진한 가을빛에 빛나는 단풍과 숲향도 일품이고 거기에 더해 관세음
보살님이 내려주는 행복 메시지로 마음의 위안도 받을 수 있으리니.

걷기여행 포인트

주차장에 내려 일주문을 지나 쭈욱 들어가는 외길에 숲길이 형성돼 있다. 특별히 안내를 받지 않아도 똑같은 길을 통해 구룡사로 들어갈 수 있다. 입구에서 좌측을 세심하게 살펴야 '황장금표석'을 볼 수 있다. 구룡사라는 사찰 이름답게 용과 관련된 다리며 연못이 곳곳에 위치하고 있다.

구룡사에 이르면 산사면을 깎아 건립한 사천왕문 보광루 대웅전이 층계를 이루고 있다. 그 옆으로 요사채와 심검당, 적묵당이 나란하다. 다른 사찰과는 특이하게 관음전 이외에도 심검당에 관세음보살님을 봉안해 조계종 불교문화사업단이 선정한 '33관음기도도량'으로 선정돼 있기도 하다.

구룡계곡을 통해 치악산을 산행할 수 있다. 구룡사에서는 계곡을 따라 여유가 되는 시간만큼 올라갔다 되돌아오는 코스가 적당하다.

가을길

강원도 원주시 소초면 학곡리 1029번지에 위치한다. 약 1,300여 년 전인 신라 문무왕 6년(666)에 의상스님이 창건했다. 창건 이후에 도선스님 자초스님 휴정스님 등이 주석하며 영서지역의 수사찰 역할을 해 왔다. 현재는 대한불교조계종 제4교구본사인 월정사의  말사로 등록돼 원주 지역의 대표 사찰로 지역 포교에 앞장서고 있다. 현존하는 당우는 대웅전, 보광루, 관음전, 심검당, 적묵당, 설선당 등이 있다. 이중 대웅전은 2003년 화재로 전소됐다가 복원되어 옛 모습을 되찾았다.

삼랑성길

반 만 년 의 유 구 한 역 사
성 벽 에 절 절 이 담 겼 으 니

강화도에 들어서면 서글픈 생각이 든다. 우리의 역사에서 씻을 수 없는 치욕이 고스란히 녹아 있어서다. 멀리는 고려시대 때 몽골에 당한 국치가 생각나고, 가까이는 개화기에 병인양요 등으로 당한 굴욕이 뇌리를 스친다. 강대국에 의한 약소국의 점령은 어느 역사에도 비일비재했다. 그때마다 겪었을 파란의 소용돌이 속에서 얼마나 많은 이들이 힘들어했을지 짐작도 어렵다.

강화 전등사 삼랑성길을 오르면 지금 이 순간이 바로 태평성대가 아닌가 싶다. 가을 햇볕은 평화롭고, 곱게 물든 단풍은 그림 같기만 하다. 먼 곳에서 바라보니 마치 흰 화선지에 색색의 물감을 번지게 한 듯 고색창연하다. 자연이 그리는 작품은 유명 화가의 대작보다 감흥이 깊다.

어느 굴욕의 시절에 삼랑성문은 굳게 닫혀 있었으리라. 하지만 끝없이 두드리는 압박에 결국 성문이 열리던 그때 아우성치며 저항했던 백성들의 지난 모습이 아른거린다. 전쟁은 누구에게나 큰 고통을 안기지만 힘없는 민초들에겐 더더욱 그렇다. 조선 왕조가 문을 닫을 때까지 수없이 많은 부침(浮沈)이 있었고, 그때마다 견뎌내야 했던 우리 조상들의 애절한 심정이 느껴진다. 눈부신 가을 풍경 사이로 그들의 외침이 함께 메아리치고 있어 가슴이 먹먹해진다.

정족산성(鼎足山城)이라고도 했다. 단군의 세 아들이 성을 쌓았다는 전설이 있어 삼랑산성(三郞山城)이라고도 불렀다. 우리의 반만년 역사를 거론하며 반석처럼 다듬어진 역사라고 말한다. 허나 정작 그 긴 역사를 간직하고 있는 전등사 삼랑성은 외세에 수없이 무너진 종잇장 같

은 성이었다. 대표적인 사건이 병자호란이었다. 성곽을 이루는 석축은 수천 년을 견디어 왔으나 그 성곽을 지켜야 하는 조선의 조정은 집안에서만 강했던 '우물 안의 개구리'였다.

고려시대에도 그랬다. 몽골의 말발굽이 도읍을 쑥대밭으로 만들었을 때 나라님은 허둥지둥 짐을 싸서 강화도로 피난을 가야 했다. 고려의 처녀들은 조공으로 바쳐져야 했고, 울분에 일어난 민초들은 삼별초라는 부대를 만들어 싸웠지만 나라를 구하기에는 중과부적이었다.

시절 시절마다 고난을 겪어야 했던 우리네 민초들과 장병들은 부처님께 간절히 무운을 빌었다. 그들 나름대로 삶의 애환을 전등사 부처님께 하소연한 듯하다. 그래서인지 많은 이야기가 전등사에서 묻어난다. 대웅전 처마 끝에 매달려 있는 나부상(裸婦像)에 대한 처연한 이야기도 그 중 하나다.

석가모니부처님을 모신 신성한 법당에 웬 벌거벗은 여인일까? 어떤 사람들은 그것을 나부(裸婦)가 아니라 원숭이로 간주하기도 한다. 원숭이는 사자나 용과 마찬가지로 불교를 수호하는 동물이다. 중국, 인도, 동남아시아의 사찰에 모셔져 있다. 보는 이로 하여금 궁금증을 자아내는 나부상에 자꾸만 눈길이 간다.

지금의 나부상이 만들어진 당시 조정에서 손꼽히는 도편수가 대웅보전 건축을 지휘하고 있었다. 고향에서 멀리 떠나온 도편수는 외로움을 이기지 못해 사하촌을 드나들며 주막의 주모와 정을 통하고 말았다. 사랑에 눈이 먼 도편수는 돈이 생길 때마다 주모에게 모조리 건네주며 미래를 약속했다.

"이 불사 끝나면 나와 함께 멀리 떠나갑시다."

도편수는 일을 해서 틈틈이 번 돈을 주모에게 모조리 맡겼다.

"그래요, 나으리. 우리 아무도 모르는 곳으로 가서 그림 같은 집 한 채 짓고 오순도순 살아요."

도편수는 주모와 함께 살게 될 날을 손꼽아 기다리며 대웅보전 불사를 마무리하고 있었다. 하지만 공사 막바지에 이른 어느 날 그 주막으로 찾아가 보니 여인은 자취를 감추고 말았다. 이웃집 여인이 주모의 행방을 말해 주었다.

"며칠 전에 짐을 모조리 꾸려 야반도주하고 말았다오. 그 여인을 다시는 찾을 수 없을 거요."

화가 머리끝까지 난 도편수는 주모에 대한 배반감과 분노 때문에 일손을 잡을 수가 없었다. 하지만 불사는 끝을 내 주어야 할 처지였다. 공사가 끝나갈 무렵 도편수는 대웅전의 처마 네 귀퉁이에 벌거벗은 여인이 지붕을 떠받치는 조각을 만들었다.

"날 배신한 죄로 평생 무거운 대웅전을 떠받치고 사는 무거운 죄과를 받으시오."

이렇게 해서 전등사 대웅보전 추녀 끝 네 곳에는 발가벗은 여인이 법당을

떠받치는 조각이 만들어졌다고 한다.

이 나부상이 더욱 재미있는 것은 네 기둥의 조각이 제각각 다른 모습이다. 옷을 걸친 것도 있고 왼손이나 오른손으로만 처마를 떠받든 조각도 있다. 두 손 모두 올린 것도 있다. 무거운 형벌을 연상케 하는 이러한 모습은 희랍의 '시시포스(Sisyphos)' 신화를 연상케 한다. 정말 전등사 대웅전을 중건했던 도편수는 무슨 뜻으로 나부상을 올려놓았을지 사뭇 궁금하다.

설화처럼 사랑을 배신하고 욕심에 눈 먼 여인을 징계하고자 했을까? 도망간 여인이 잘못을 참회하고 세상을 올바르게 살아가라는 염원을 불어넣었을까? 이 조각상을 보며 후대의 사람들에게 사랑을 배신한 여인은 저렇게 형벌을 받으니 다시는 그런 죄를 짓지 말라고 가르치고 있는 것일까?

전등사는 고려 왕실의 보호를 받았던 왕실 사찰이었다. 전등사라는 사찰명도 왕실과 관련이 있다. 이전에는 '진종사'라고 불렸는데 고려 말 충렬왕의 왕비인 정화궁주가 인기라는 스님에게 부탁해 송나라 대장경을 가져오게 했다. 대장경을 절에 봉안하고 옥등을 시주한 이후부터 전등사로 했다고 한다. 언뜻 보기에 불심이 돈독한 궁주에 의해 사찰 이름이 바뀐 것으로 볼 수 있으나 숨겨진 사연 역시 서글픈 역사의 단면을 보여 주고 있다.

정화궁주는 충렬왕의 왕비였다. 하지만 나라가 외세의 말발굽에 짓밟힌 고려의 왕비는 초라하기 짝이 없는 신세였다. 정화궁주는 당연히 '왕후'가 되어야 했으나 원나라의 속국인 관계로 원 세조의 딸이 '왕후'가 된 슬픔을 견뎌내야만 했다. 부처님의 가르침에 기대어 피할 수 없는 고단한 현실을 받아들이려 했을 정화궁주의 모습이 떠올라 마음이 애잔하다.

원나라는 점령한 고려를 가만히 두지 않았다. 고려 임금을 원나라 황제의 사위가 되도록 강요했고, 칭호도 바꾸기 시작했다. '조(祖)' '종(宗)' 자를 붙이지 못하게 하고 '왕'으로 격하시켰다. 여기에다 원나라에 충성을 하라는 의미에서 왕 이름 앞에 '충(忠)' 자를 붙이게 했으니 얼마나 굴욕적이었겠는가?

그 첫 번째 왕이 충렬왕이었다. 하지만 왕은 어떠했을까? 원나라에

볼모로 갔던 충렬왕은 변발에 호복차림을 하고 고려로 돌아왔다. 왕의 귀국 소식을 들은 백성들은 환호성을 질렀지만 정작 그가 하고 온 모습을 보고 충격을 받아 눈물을 흘리기도 했다.

하지만 정작 본인은 전혀 개의치 않고 원나라에서 즐겼던 매사냥을 잊지 못해 즉위 초부터 응방(鷹坊)을 설치하여 사냥을 즐기는 등 향락에 탐닉했다. 몽골의 침입이 끝난 뒤였지만, 원나라에 보낼 각종 공물 때문에 백성은 시름하는데 임금이 보여 준 행동은 참으로 어처구니가 없었다.

백성의 원성을 자아내기는 원에서 온 제국공주도 그에 못지않았다. 왕후는 하찮은 익명 상소를 믿고 중신들을 함부로 투옥하는가 하면, 충렬왕의 첫 부인인 나이 많은 정화궁주를 자기 앞에 무릎 꿇게 만드는 오만한 짓도 저질렀다. 게다가 그릇된 장삿술로 전국의 인삼이나 잣 등을 매점매석하고는 원나라 상인들에게 몰래 팔아 거액의 돈을 챙기기도 했다.

고단한 일상에 지친 백성들에게 현실은 너무 가혹했다. 아무리 현실이 고단해도 나라의 지도자가 믿음을 주고 다독여 주면서 미래를 이끌어 준다면 사람들은 꿈을 꿀 수 있겠지만, 그렇지 못한 삶은 암흑 그 자체였을 것이다.

삼랑성에 해가 진다. 가을 낙엽이 바람과 함께 떨어지면 괜스레 모를 서글픔이 찾아든다. 반만년의 역사를 함께 했을 댓돌들은 모진 세월을 견뎌낸 탓인지 몹시 푸석해 보인다. 그 너머 서쪽 바다로 해가 이울더니 찰랑거리는 물결과 나란하다. 서럽도록 아름답다.

이제 강화도는 큰 다리가 두 개나 놓여 있어 더 이상 섬이 아니다. 서

울에서 자동차로 40분 거리에
위치해 부담없이 드나드는 휴
양의 섬이 되었다.

슬픈 역사건, 기쁜 역사건
시간 속에 망각되지 않는 건
없다. 세상의 무상함 속에 건
물은 지어지고 불타고 부서지
고, 사람들도 생멸을 반복했
다. 전각 댓돌 옆 화단의 화초
는 해마다 다른 모습으로 피고
진다. 때로는 화려하게 때로

는 초라하게 피고 진다. 때가 되어 피고 진다고 말할 수 있을지 모르나
그 씨앗은 겨울의 인고를 견디어 내고, 봄의 가뭄을 이겨 내고, 여름의
장마도 이겨 내야 가을에 나름대로의 꽃을 피운다.

작으면 작은 대로, 크면 큰 대로 나타나는 아름다움은 '화엄의 세계'
다. 세상의 생물은 다양성을 위해 해마다 열심히 생명활동을 한다. 활
발한 삶의 모습이다. 거기에는 거짓이 없다. 그저 최선을 다해 자신의
삶을 꾸려가는 진정성이 있다.

이곳저곳을 다니며 살펴보아도 열심히 제 몫을 살지 않은 자연은 없
다. 그래서 최선을 다하다가 지는 가을의 모습도 아름다운가 보다. 시
시때때 오면 오는 대로, 가면 가는 대로 순간순간이 다 새롭다. 그 모습
을 보는 우리는 그래서 행복한 것 아니겠는가?

걷 기 여 행 포 인 트

전등사는 자동차가 들어오는 동문길과 주차장에서 종해루를 거쳐 걸어 올라오는 남문길이 있다. 석축을 통과하는 동문길은 비교적 거리가 짧아 많은 사람들이 이용한다. 전등사를 방문하는 사람들은 대개 동문을 지나 전등사 대웅전과 누각을 보고는 그냥 돌아간다.

전등사 일원이 정족산성이었고, 고려시대에는 임시 궁궐이었던 가궐지라는 사실을 알면 이곳저곳을 둘러보는 재미가 배로 쏠쏠하다. 정족산 가궐지는 전등사에서 좌측으로 5분여 올라가면 나온다. 고려 고종 46년(1259)에 풍수도참가 백승헌의 진언에 의해 건립했던 임시 궁궐터다.

전등사 서쪽 능선에 위치한 정족산사고도 가볼 만하다. 임진왜란 전에 실록을 보관하였던 사고는 내사고인 춘추관과 충주·성주·전주 등 세 개의 외사고가 있었으나, 임진왜란 때 전주사고만이 화를 면하고 모두 소실되었다. 병자호란의 피해와 효종 4년(1653) 11월 실화로 마니산사고가 없어지고, 삼랑성 내에 정족산사고가 건립되어 ‘조선왕조실록’을 보관해 왔다.

1910년 일제에 의해 국토가 강점되면서 정족산사고본은 태백산사고의 실록 및 규장각의 도서와 함께 조선총독부 학무과 분실에 이장되었다가 1930년 경성제국대학으로 옮겨진 후, 광복과 함께 서울대학교 규장각에 보관되어 오고 있다. 정족산사고는 1930년 전후에 파손되어 빈터에 주춧돌만 남아 있던 것을 1999년 강화 문화사업으로 복원했다.

가을길

인천광역시 강화군 길상면 온수리에 위치하고 있다. 전등사가 창건된 것은 서기 381년(고구려 소수림왕 11)으로 전해지고 있다. 우리나라에 불교가 처음으로 전래된 것이 서기 372년이므로 지금은 그 소재를 알 수 없는 성문사, 이불란사(375년 창건)에 이어 전등사는 한국불교 전래 초기에 세워진, 현존하는 최고(最古)의 도량임을 알 수 있다.

처음 전등사를 창건한 분은 진나라에서 건너온 아도화상이었다. 당시 아도화상은 강화도를 거쳐 신라 땅에 불교를 전한 것으로 알려지고 있다.

전등사에는 보물 제178호로 지정된 대웅보전과 보물 제179호인 약사전을 비롯한 10동의 건물과, 11세기 중국 북송 때 만들어진 보물 제393호인 전등사 철종 등과 전설이 서려있는 나녀상, 열리지 않는 은행나무, 우는 나무 등 많은 고목이 있다.

―

대숲길

'나옹 소나무' 아래 일곱 나한님
세상 사람들 소원에 귀 기울이네

대숲의 서걱거리는 바람 소리 사이로 가을이 들었다. 칠현산 정상에서 불어오던 여름철 더위를 식히던 그 바람이 아니다. 나한전에 앉아 있는 일곱 명의 나한님도 이제 한창 절정에 다른 입시기도객들의 발원을 들어주느라 여념이 없다.

"아무개네 집 아들은 사법고시, 아무개네 집 딸은 공무원고시, 거시기네 집 손자는 특목고 입학, 거시기네 집 손녀는 유학시험 합격 발원……."

나한님들이 아무 말 없이 기도를 들어주셨는지, 칠장사 나한전은 언제나 기도객들의 땀방울로 촉촉하다. 무심해 보이는 돌덩어리에 왜 그리 매달려 기도를 하느냐고 묻겠지만, 칠장사 나한님의 기도영험은 오랜 역사와 전통이 있다. 도심에서 떨어진 작은 사찰에 이처럼 발길이

레길

이어진다는 것은 그만큼 기도를 해서 소원 성취한 영험이 많았기 때문이리라.

안성 칠장사 대숲길은 성취의 숲길이다. 조선시대 어사 박문수가 그랬고, 그 이전 임꺽정이 병해대사를 만나 세상을 구하겠다는 원력을 세우기도 했다. 고려시대에는 사찰을 중창한 혜소국사의 제도를 받은 일곱 도적이 자신의 죄업을 참회한 뒤 수행자의 길을 걸어 도(道)를 성취했다. 후백제시대에는 궁예가 이곳에서 활쏘기를 연마하며 세상을 구원하는 미륵(메시아)의 꿈을 성취하고자 기원했다. 지금도 나한전으로 향하는 대숲길은 성취를 위한 희망의 기도 소리로 가득하다.

예전에 칠장사가 위치한 칠현산은 원래는 아미산으로 불렀다. 사찰 이름도 '칠장사(七長寺)' 대신 '칠장사(漆長寺)'로 불렀다. 사찰명이 칠장사(七長寺)로 고쳐지고 산 이름도 칠현산(七賢山)으로 불린 계기는 일곱 명의 도적을 교화시킨 혜소국사에 의해서다.

시기는 고려시대(11세기경)로 거슬러 올라간다. 당시 칠장사에는 법력이 뛰어난 고승인 혜소국사가 주석하고 있었다. 그런데 칠장사 인근에는 악명 높은 도적이 일곱 명 숨어 살고 있었다. 그들 중 한 명이 밤에 몰래 절에 들어와 물을 마시려다 보니 물바가지가 순금으로 되어 있었다.

"이게 웬 떡이냐."

도적은 금 바가지를 훔쳐서 동료들에게 자랑했다.

"저기 칠현사에 갔더니 금 바가지가 있지 뭐야. 그래서 내가 냉큼 가지고 왔지. 자네들은 보기나 했나. 이런 금 바가지를 말이야."

도적들은 호기심이 발동했다.

"절에 금 바가지가 있었단 말이야? 그거 정말 신기하구만."

다음 날 도적 가운데 다른 한 명도 칠장사로 숨어 들어왔다.

"우물이 어디 있더라. 그리고 금 바가지는 어디 있더라."

사찰 경내를 배회하던 도적의 눈이 휘둥그레졌다.

"그래, 저거야. 나도 드디어 금 바가지를 가질 수 있게 됐다. 야호!"

도적은 쾌재를 부르며 금 바가지를 가지고 도망쳤다. 다음 날 또 다른 도적도 금 바가지가 탐이 나서 사찰에 숨어 들어왔다.

"아니, 다른 친구들도 금 바가지를 하나씩 가지고 있는데 나라고 못 가질 것 없잖아. 나도 절에 가서 금 바가지 하나 가져와야지."

세 번째 도적 역시 칠장사로 들어와 우물을 찾기 시작했다. 얼굴을 수건으로 가리고 어슬렁어슬렁 사찰 경내를 돌아다녔다.

“옳지. 저기 우물이 있구나. 어서 빨리 금 바가지를 훔쳐 가야겠다.”

도적이 우물에 가 보니 역시 금빛이 찬란한 바가지가 둥둥 떠다니고 있었다.

다음 날 네 번째 도둑, 그 다음 날 다섯 번째 도둑이 금 바가지를 하나씩 훔쳐 왔다. 결국 일곱 명의 도적이 하나씩 금 바가지를 갖게 되었다.

“야 정말 멋있는 금 바가지야.”

모두들 자기들이 훔쳐 가지고 온 금 바가지를 얼싸 안고 덩실덩실 춤을 추기 시작했다.

“내 바가지 금 바가지. 이 세상에 제일 귀한 보물이지.”

시간이 흐르자 일곱 도적들은 더 큰 욕심이 생겼다.

“하나만으로는 부족해. 나는 두 개의 금 바가지를 가져야겠어.”

각자가 그렇게 생각하고 다시 칠장사로 숨어들어 금 바가지를 훔치기 시작했다. 그런데 이상했다. 도적들이 매일 금 바가지를 훔쳐 가는데도 어김없이 절에는 금 바가지가 있는 게 아닌가. 도적들은 이상하게 생각하고 그동안 자신들이 훔쳐서 감춰놓은 금 바가지를 확인하기 위해 비밀창고 문을 열었다.

“아니, 내가 훔쳐온 금 바가지가 없어졌어.”

다른 도적들도 자기들이 숨겨놓은 곳을 확인해 보니 감쪽같이 금 바가지가 사라지고 없었다. 깜짝 놀란 도적들은 혜소국사의 도력에 두려움을 느끼고 절에 찾아가 용서를 구하고 부처님의 제자가 되었다.

이후 칠장사 이름도 일곱 명의 도적을 제도했다는 의미를 담아 칠장사(七長寺)로 고쳤다. 사찰이 위치한 아미산도 칠현산(七賢山)으로 고쳐 불렀다. 일곱 명의 도적은 나중에 성현이 되어 일곱 명의 나한님이 되었다.

이 이야기는 회사를 욕심 없이 경영해야 번창할 수 있다는 교훈으로 전해지면서 기업을 운영하는 CEO들의 발길도 이어지게 하고 있다.

현재의 칠장사를 존재하게 해 주는 다른 이야기는 단연 어사 박문수의 현몽으로 장원급제한 영험담이다. 조선시대에 암행어사로 이름을 날렸던 박문수는 태어날 때부터 불교와 인연이 있었다.

박문수의 아버지는 늦게까지 자식이 없자 아들을 낳겠다는 일념으로 백일기도를 한다. 때마침 어떤 스님이 찾아와 말하기를 “기도는 절에서 하지 말고 집에서 문수보살을 생각하며 하라”고 했다. 그래서 99일 동안 날마다 스님 한 명씩을 모시고 공양을 올리며 기도를 했다. 그런데 백 일째 되는 날 스님을 모시러 간 하인이 혼자 돌아왔다.

“어째서 스님을 안 모시고 너만 왔느냐?”

“스님이 한 분도 안 보입니다.”

“스님이 안 계시다는 게 말이 되는 소리냐? 좀더 찾아볼 일이지.”

“한 분이 계시긴 했는데 좀 거북했습니다.”

이유를 물으니 그 스님이 문둥병 환자였다는 것이다.

"병이 너무 깊어 몸 전체에서 고름이 뚝뚝 떨어지고, 턱이 거의 없다시피 해서 침이 줄줄 흐르는 스님이었습니다."

그러자 박문수의 아버지는 단호하게 말했다.

"스님을 모셔오라고 했지 누가 문둥이를 보라고 했느냐?"

결국 하인은 스님을 모셔왔고 정성껏 공양을 올렸다. 스님은 아무 말 없이 공양을 받아먹었다.

"이렇게 저희들이 마련한 공양을 받아 주셔서 감사합니다."

박문수의 부모는 스님께 인사를 올렸다. 문둥병을 앓고 있던 스님은 고름을 뚝뚝 흘리며 밖으로 나갔다. 대문을 넘어서자 스님의 고름은 연꽃으로 변하며 문수보살의 모습을 띠고 하늘로 올라갔다. 그런 일이 있은 후 박문수의 어머니는 곧 새 생명을 잉태하게 되었고, 이름을 '박문수'로 지었다.

과거 때가 되자 박문수는 짐을 꾸려 한양으로 향했다. 이곳저곳에 숙식을 하던 중 하루는 칠장사에 하룻밤을 머물게 됐다. 이미 칠장사 나한전은 과거를 준비하는 선비들이 기도를 많이 해 급제했다는 영험이 전해지던 유명 기도처였다.

박문수는 조심스럽게 어머니가 만들어 준 조청유과를 나한전에 올리며 간절한 기도를 올렸다.

"이번 과거시험에 출사할 수 있도록 도와주소서."

기도를 마친 박문수는 잠자리에 들었다.

"나는 칠장사의 나한인데 당신의 기도를 들어주기 위해 왔소."

깜짝 놀란 박문수는 그저 고개를 조아릴 뿐이었다.

"어떻게 저의 소원을 들어 주시려는지요?"

"며칠 후 그대가 한양에 도착해 과거시험을 볼 때 시제가 있을 것이요. 그 시제를 보여줄 터이니 잘 기억하시오."

나한님은 하얀 종이와 붓을 꺼내 시제를 써 내려갔다. 깜짝 놀란 박문수는 잠에서 깨어났다. 꿈에서 본 시제가 또렷이 뇌리에 남아 있었다.

"이상하구나."

며칠 후 과거시험장에 들어간 박문수는 깜짝 놀랐다.

"아니, 이럴 수가. 며칠 전 칠장사 나한님이 알려준 시제가 그대로 나왔구나."

어려움 없이 시제에 따라 문제를 푼 박문수는 장원급제할 수 있었다. 그의 나이 32세 때였다. 돌아오는 길에도 박문수는 칠장사에 들러 유과

공양을 올렸다고 한다. 이것이 유명한 '몽중등과시(夢中登科詩)'다. 그 몽중등과시의 내용은 칠장사에서 문화관광해설사로 활동하고 있는 윤민용 선생이 생생하게 복원해냈다.

몽중등과시 전문

落照吐紅掛碧山 (낙조토홍괘벽산)

붉은빛 토하는 듯한 석양은 푸른 산에 걸려 있고

寒鴉尺盡白雲間 (한아척진백운간)

갈까마귀는 흰구름 사이로 줄지어 날아가네

問津行客鞭應急 (문진행객편응급)

나루를 찾는 나그네의 독촉은 다급해지고

尋寺歸僧杖不閒 (심사귀승장불한)

산사로 돌아가는 스님의 지팡이는 한가롭지 않구나

放牧園中牛帶影 (방목원중우대영)

초원에서 풀을 뜯는 소의 그림자는 길게 드리우고

望夫臺上妾低鬟 (망부대상첩저환)

지아비를 기다리는 아낙네는 댓돌 위에서 쪽머리를 떨구네

蒼煙古木溪南里 (창연고목계남리)

창연한 푸른 저녁 연기 남쪽 마을로 피어 오르고

여기까지는 나한님이 꿈속에서 일러 준 후 나머지 구절은 스스로 지

으로 말하고 사라졌다고 한다. 박문수는 심사숙고한 후 다음과 같은 문구를 지어 시를 완성한다.

短髮樵童弄苗還 (단발초동농적환)
나무하는 떡진머리 총각이 즐거운 듯 풀피리를 불며 돌아가네.

이후 박문수는 암행어사를 시작으로 병조정랑, 경상도 관찰사, 병조판서, 어영대장, 호조판서, 우참찬 등의 요직을 두루 거치며 목민관으로서의 명성을 날렸다. 요즘도 박문수의 뒤를 잇기 위해 칠장사를 찾는 기도객들의 발걸음이 계속되고 있다.

사시사철 칠현산에서 불어 내려오는 가을바람 사이에 길이 나 있다.

안성시가 조성해 놓은 둘레길이다. 아마도 몇 년 후면 이 칠현산에는 박문수가 과거에 급제하기 위해 걸었다는 '박문수 길'이 조성될 것이다. 그러면 지금보다 수많은 방문객이 칠현산을 오르내리고, 넓어진 나한전에는 저마다의 발원을 성취하고자 하는 기도객으로 넘쳐나리라 본다. 제주 올레길처럼 또 하나의 명소가 만들어지길 기대해 본다.

이 세상에 태어남은 자신의 의지로 되지 않겠지만 태어난 후 뜻하는 바를 성취하는 것은 본인의 노력에 달려 있다. 거듭되는 실패에 앞이 보이지 않더라도 다른 이를 탓하는 데 시간을 허비하기보다는 자신을 되돌아보라. 노력의 끝이 보이지 않아 지칠 때 한 번쯤은 칠장사 성취 길에 몸을 의탁해 보는 것도 좋다. 칠현산의 바람이 당신을 위로해 줄 것이다. 그동안 너무 애쓰고 살아왔으니 잠시 쉬었다 가라고. 일곱 명의 나한님이 저마다 넉넉한 미소로 반겨준다. 간절히 원하는 바람을 털어놓고 가라고.

자신이 현재 살아가는 모습은 과거에 살아왔던 행적의 반영이며, 현재 살아가는 모습은 미래에 나타날 모습의 반영이 아닐까? 설령 내세가 없다고 하더라도 현재에 충실해 자신의 더 나은 모습을 발원하고, 성취하기 위해 노력하는 모습은 아름답다. 비록 당장 성취하지 못한다 하더라도 그 과정은 값진 것이 되고, 성취하기 위해 가는 과정으로 쌓이게 된다. 꿈과 희망이 있는 자는 절대 멈추지 않듯이 원을 세워 노력하면 반드시 성취할 수 있는 게 자연의 섭리다.

초라한 나한전에 의지를 불어넣고, 원력을 불어넣으며 기도하는 이는 이미 절반 이상의 원을 성취한 것이나 다름없다. 나머지 반은 노력

이 성패를 좌우할 것이리라. 그래서 꿈을 꾸는 사람은 희망이 있는 사람이고 그 꿈을 이룰 수 있는 사람이다. 꿈을 꿀 수 있는 기회는 누구에게나 있다. 적어도 제각각인 소원을 들어주기 위해 귀를 기울이는 칠장사 나한님들에게는 누구나 똑같다.

걷 기 여 행   포 인 트

칠장사 입구 마을이 극락 마을이다. 구한말까지 한양으로 통하는 가장 왕성한 길의 길목이 안성 땅이었다. 그 중심에 칠장사가 있었고 극락 마을이 있었다. 하지만 일제시대에 경부선이 만들어지면서 교통의 중심지로서 역할은 서서히 줄어들었다. 과거 번성했던 흔적은 사라지고 이제는 호젓한 산사가 됐다. 지명이 말해 주듯 극락 마을, 칠현산 등 불교와 깊은 연관이 있다. 현재 일주문보다 한참 아래에 당간지주가 있고, 그 아래에 부도밭이 있는 모습은 과거 칠장사의 규모를 짐작하게 한다.

칠장사를 걸을 때는 주차장에서부터 시작하는 게 보통이다. 사찰 누각 아래가 큰 주차장이나, 일주문 주차장에서 내려 걷기를 권한다. 이곳에는 부락 사람들이 특산물인 복조리를 비롯해서 사시사철 나오는 농산물을 내다 파는 상설시장(점포가 10여 곳)이 있다.

여기서 눈요기를 한 다음 칠장사 대웅전 부처님을 친견하고 좌측으로 발길을 돌리시라. 거기에는 명부전이 있는데 전각 벽면에는 임꺽정과 궁예 등 사찰과 유관한 인물이 묘사돼 있다. 명부전을 돌아 계곡을 바라보면 범상치 않게 생긴 탑들이 있고, 그 계곡에 작은 우물이 있다. 그곳이 고려시대 혜소국사가 일곱 도적을 교화시켰다는 이야기가 전하는 곳이다. 지금은 금 바가지가 없고 플라스틱 바가지로 약수를 받아먹는다.

우물이 있는 이 계곡은 칠현산에서 사시사철 상쾌한 바람이 불어 내려오는 곳이다. 겨울철은 춥지만 봄부터 가을까지 선선한 공기가 내려와 칠장사를 찾는 기도객들의 피로를 깨끗하게 씻어준다.

우물에서 올라오면 칠장사의 기도영험을 대표하는 나한전이 있다. 작고 보잘 것 없는 나한님들이지만 어사 박문수를 장원급제 시킨 것부터 수많은 영험설화를 간직하고 있다. 고려시대 때 혜소국사가 교화한 일곱 도적이 나한이 되었다는 이야기가 전하는 곳이기도 하다.

나한전 뒤에는 잘생긴 소나무가 있는데 고려시대 왕사였던 나옹스님의 소
나무 지팡이가 자라서 낙락장송이 되었다고 전한다. 나한전 뒤로 1.5km를
가면 칠현산 정상이 나온다. 맑은 날에는 인천 앞바다까지 보인다고 한다.
칠현산에는 산죽이 자라고 있어 매년 설날 즈음해서 복조리를 만들기도 한
다. 칠장사 일주문 좌측으로 난 둘레길을 따라 산행을 해 보는 것도 걷기여
행의 또 다른 재미다.

안 성   칠 장 사 는 …

신라의 고승 자장율사가 진덕여왕
2년(648)에 창건한 천년 고찰로 대
한불교조계종 제2교구본사 용주사
의 말사다. 고려시대 혜소국사가
크게 중건하였으며 조선 중종 때
홍정대사에 의해 개창됐다.
이어 조선 명종 때 생불(生佛)로 추

앙되던 임꺽정의 스승 병해대사가 칠장사에 주석하기도 했다. 불교가 탄압
받던 조선시대에도 왕실의 보호를 받은 칠장사는 기도를 통해 부처님의 가
피를 받은 수많은 설화가 전해지며 현재도 불자들의 발길이 이어지고 있다.
특히 칠장사 나한전은 조선시대 어사 박문수가 기도해 장원급제를 했다는
이야기가 전해지면서 중요한 입시기도나 승진시험 공무원시험 등 각종 시
험을 앞둔 사람들이 기도해 학업을 성취하는 영험도량으로 이름이 높다.
2008년부터는 '어사 박문수 전국백일장'을 열고 있다.

호두나무길

호 두 알 같 이 단 단 한 '상 사 곡'
보 탑 시 에 아 로 새 겨 노 래 하 네

밤새 내린 가을비에 마음까지 촉촉하다. 익어가는 가을이라 들판은 황금색이다. 누런 벼 이삭이 고개를 숙이고 있는 다락논이 층층이 계단을 이루고 있다. 가까운 산꼭대기에서 내려다보면 무척 아름다울 듯하다.

일전에 티베트를 여행하면서 본 풍경과 흡사했다. 해발 5,000m가 넘어 식물이라고는 아무것도 없는 들판에 유채꽃이 노랗게 피어 장관을 연출했다. 가을 들판의 상징처럼 펼쳐진 황금색 들판. 흔한 풍경 같지만 도시인들에겐 쉽사리 접할 수 없는 풍경이기도 하다. 이 모습을 보지 않은 이들은 가을을 놓친 셈이다.

광덕사로 향하는 길목은 온통 호두나무 천지다. 예전에는 인지도가 낮아 별 볼일 없는 열매였지만 지금은 아니다. 호두에 오메가3, 비타

민E 등이 함유돼 콜레스테롤을 낮춰주고 심장 건강에 도움이 된다고 알려지면서 날로 인기가 치솟고 있다. 유아기에 중요한 지방산 결핍을 방지하고 뇌 작용의 발달도 도와주며, 관상동맥과 관련된 심장병과 뇌졸중, 중풍 등의 발작, 유방암, 결장암, 전립선암 등에 예방작용도 있다고 한다. 당뇨병 개선에도 효능이 있어 인슐린 분비 수치를 유지하는 데 도움이 된다고 하니 호두를 싫어할 사람은 아무도 없을 듯하다.

광덕사 입구는 온통 호두나무 천지다. 천안의 명물이 호두과자인데 그 호두 생산의 근원지가 광덕사다. 천안 호두라 하면 천안 사람들은 으레 광덕리 호두로 안다. 그 중심에 광덕사가 있다. 광덕사 호두나무는 수령이 400여 년이 넘는 것으로 높이만도 18.2m나 된다.

전설에 의하면 이 나무는 약 700년 전인 고려 충렬왕 16년(1290) 9월

영밀공 유청신이 원나라로 갔다가 돌아올 때 호두나무 묘목과 열매를 가져와 묘목은 광덕사 경내에 심고, 열매는 자신의 고향집 뜰에 심었다고 한다. 이것이 우리나라에 전래된 호두나무의 시초가 되었다고 한다. 그래서 이곳을 '호두나무 시배지'라고 부른다.

전남 장흥 출신인 유청신은 몽골어에 능통한 통역관 출신으로 고려 충선왕을 모함하는 등 반역행위를 일삼은 인물이다. 본래 이름은 비(庇)였으나 원나라 이름인 청신(淸臣)으로 바꾸는 한편, 고려를 원나라의 일개 성(城)으로 복속시키려고 원나라에 정동성(征東城) 설치를 건의하다 실패해 고려로 귀국하지 못하고 원나라에서 생을 마감한 인물이었다.

그 후 유청신의 후손과 지역 주민들의 노력으로 현재 광덕면 일대에는 약 25만 8천 그루의 호두나무가 재배되고 있다. 오랜 세월 동안 조상들의 관심과 보살핌 가운데 살아온 광덕사 호두나무는 문화적 생물학적 자료로 가치가 인정되어 천연기념물로 보호받고 있다. 나라를 배신한 역신에 의해 전해진 열매가 온 국민의 건강식품이 되었고, 이를 즐겨먹게 되었으니 참으로 아이러니하다.

호두로 유명한 광덕사는 호두의 역사보다 오래됐다. 백제 무왕 때 창건됐고, 신라 자장율사가 부처님 진신사리 10과를 모셨다. 그 명성으로 고려시대는 물론이고 불교가 배척되었던 조선시대에도 문종, 세종, 성종, 인종, 명종, 선조, 광해군, 효종, 헌종, 숙종, 경종 등 11명의 왕이 지장전에서 역대 선왕들의 극락왕생을 기원하기 위해 다녀갈 만큼 왕실의 보호를 받았던 원찰이다.

지장보살님은 석가모니부처님의 부촉(계시)을 받아 중생을 교화하는

존재다. 부처님이 열반에 든 뒤 미륵부처님이 출현할 때까지 육도(지옥·아귀·축생·아수라·인간·천상)를 윤회하는 중생들을 구제해 주는 존재다. 곧 윤회의 사슬을 끊을 수 있는 구원의 존재가 지장보살이다.

부처님 당시에도 부처님 10대 제자 중의 한 명인 목련존자가 돌아가신 어머니를 위해 기도해 지옥에서의 고통을 면할 수 있었다. 그런 측면에서 보면 목련존자의 후신이 지장보살로 화현했다는 생각도 든다. 지장도량이라 함은 지장보살님의 가피(加被, 도움 혹은 시은)로 인간이 지옥에 떨어지는 고통을 구제받을 수 있는 영험있는 사찰을 말한다.

예로부터 종교는 인간의 죽음 문제를 관할했다. 우리 주변에 가장 가까이 있는 그것, 그럼에도 자신의 문제가 아니면 까마득히 잊어버리는 그것, 그러다가 자신에게 다가왔을 때는 깜짝 놀라 당황해 마지않는

‘죽음’에 해결책을 제시한다. 인간의 힘으로 도저히 해결할 수 없는 죽음의 문제에 직면해 구원의 메시지를 주는 게 종교이다. 불교에서 그 중심에 있는 존재가 지장보살이다. 지장보살의 시은(施恩)을 받아 기도를 성취하려는 신앙이 지장신앙이다.

이 지장신앙은 한국불교에서 관음신앙(관세음보살의 대자대비심의 힘으로 소원을 성취하는 것)과 더불어 쌍벽을 이룬다. 관음신앙이 현세에 구원을 얻기 위해 노력하는 것이라면, 지장신앙은 내세 즉 죽음에 직면해 영혼이 구원을 받으려는 신앙이다. 불교의 교조인 석가모니도 출가해 수행한 이유가 이 죽음을 초월한 경지인 열반에 이르러 생사의 윤회 바퀴를 극복하기 위함이었다.

수많은 재물을 가졌다고 해서 죽음의 문제를 극복할 수는 없는 것이 우리 중생이다. 깨달음을 얻어 생사를 벗어날 수 없는 것 또한 우리 중생들의 처지다. 이처럼 불안하기 그지없는 생사의 문제를 극복하기 위한 방법은 없을까? 여기에 대한 해결 방법으로 불교에서는 '지장보살'이 희망을 전하는 중개자로 나선다. 이 죽음이라는 잡히지 않는 실체를 단번에 해결해 주는 위안의 존재가 있기에 사람들은 천안 광덕사로 발길을 옮기는 것이리라.

광덕사 호두나무 숲길 옆으로 200m쯤 걸어가면 황진이, 이매창과 함께 조선 3대 명기 중의 한 사람이라는, 〈부용상사곡(芙蓉相思曲)〉의 주인공인 김부용의 시비가 있다. 그곳에서 800m가량 산으로 올라간 곳에 부용의 무덤이라고 전하는 초라한 한 기의 무덤도 있다.

부용은 평안남도 성천 출신의 기생으로 정조 때 판서를 지낸 김이양이 77세일 때 19세의 꽃다운 나이로 인연을 맺었다. 이후 김이양이 죽은 후에 기생의 몸으로 어렵게 수절하다가 그의 묘 옆에 묻혔다. 나이는 숫자에 불과한 조선시대 최고의 러브스토리이다.

그가 남긴 주옥같은 수많은 시 가운데 〈부용상사곡〉이라는 작품이 있다. 글자가 차례로 늘어나 전체적으로 탑 모양을 이룬다고 해서 '보탑시'라 부르는 이 시는 조선 최고의 연정시로 손꼽힌다.

부용상사곡

이별하옵니다

그립습니다

길은 멀고

글월은 더디옵니다

생각은 님께 있으나

몸은 이곳에 머뭅니다

비단 수건은 눈물에 젖었건만

가까이 모실 날은 기약이 없습니다

향각서 종소리 들려오는 이 밤

연광정에서 달이 떠오르는 이 때

쓸쓸한 베개에 의지했다가 잔몽에 놀라 깨어

돌아오는 구름을 바라보니 멀리 떨어져 있음이 슬픕니다

만날 날 수심으로 날마다 손꼽아 기다리며

새벽이면 정다운 글월 펴 들고 턱을 괴고 우옵니다

용모는 초췌해져 거울을 대하니 눈물 뿐이고

목소리도 흐느끼니 사람 기다리기가 이다지도 슬픕니다

은장도로 장을 끊어 죽는 일은 어렵지 않으나

비단신 끌며 먼 하늘 바라보니 의심도 많습니다

어제도 안 오시고 오늘도 안 오시니 님은 어찌 그리 신의가 없습

니까

아침에도 멀리 바라보고 저녁에도 멀리 바라보니 첩만 홀로 속고 있는 것은 아닌가요

대동강이 평지가 된 뒤에나 말을 몰고 오시려 합니까

장림이 바다로 변한 뒤 노를 저어 배를 타고 오렵니까

이별은 많고 만남은 적으니 세상사를 누가 알 수 있으며

악연은 길고 호연은 짧으니 하늘의 뜻을 누가 알 수 있겠습니까

운우무산에 행적이 끊기었으니 선녀의 꿈을 어느 여자와 즐기시나요

월하봉대에 피리 소리 끊기었으니 농옥의 정을 어떤 여자와 나누고 계십니까

잊고자 해도 잊기가 어려워 억지로 부벽루에 오르니 안타깝게도 홍안만 늙어가고

생각치 말자 해도 절로 생각나 몸을 모란봉에 의지하니 슬프도다 검은 머리 자꾸 쇠해가고

홀로 빈 방에 누우니 눈물이 비오듯 하나 삼생의 가약이야 어찌 변할 수 있으며

혼자 잠자리에 누웠으나 검은 머리 파뿌리 된들 백 년 정심이야 어찌 바꿀 수 있으랴

낮잠을 깨어 창을 열고 화류계년을 맞아들여 즐기기도 했으나 모두 정 없는 나그네 뿐이고

베개를 밀고 향내 나는 옷으로 춤을 춰 보았으나 모두가 가증한 남자뿐입니다

천리에 사람 기다리기 이토록 어려우니 군자의 박정은 어찌 이
다지도 심하십니까

삼시에 문을 나가 멀리 바라보니 문을 나가 바라보기 애처로운
천첩의 심정은 과연 어떠하겠습니까

오직 바라옵건대 관인하신 대장부께서는 강을 건너 오셔서 구연
의 촛불 아래 흔연히 대해 주시고

연약한 아녀자가 슬픔을 머금고 황천객이 되어 외로운 혼이 달
가운데서 길이 울지 않게 해 주옵소서

가을비로 불어난 계곡에 첫사랑의 기억이 물결을 타고 흐른다. 부용
의 시가 가슴을 저민다. 아직 추위를 느낄 날씨가 아닌데도 마음 한켠
어디선가 가을앓이가 시작된다.

그대들의 첫사랑은 지금 어디서 무엇을 하고 있는가?

 사찰 입구에 늘어서 있는 호두나무 구경부터 할 만하다. 집집마다 아름드리 나무가 있어 가을에는 마당 곳곳에 호두를 말리는 진풍경이 연출된다. 광덕사 경내는 일주문에서 대웅전 명부전 천불전을 둘러볼 수 있는데 30여 분이면 충분하다.

경내 입구 대웅전으로 향하는 경사지에 호두나무 시조목이 있다. 수령만도 400여 년이 되는 호두나무는 이 지역에서 가장 오래된 호두나무다. 계곡이 깊고 맑아 시간 여유가 있다면 태화산을 등산해도 의미가 있겠다. 경내와 더불어 광덕사에 가게 되면 천불전 옆으로 난 길을 따라 김부용의 시비와 묘를 한번 찾아가길 권한다.

호젓한 산길도 산길이지만 조선 최고의 여류시인을 만날 수 있는 기회다. 그가 남긴 시 몇 수를 읽어 보라. 특히 〈부용상사곡〉에 깃들어 있는 서정성은 읽는 이의 가슴을 울린다.

태화산의 넉넉한 숲길과 가을 들판, 호두나무가 어우러지는 걷기여행을 마친 후에는 광덕사 명부전에 들러 유명을 달리한 가족이나 조상님들의 극락왕생도 기원하시라. 지장보살님의 가피를 얻을 수 있으리라.

가을길

천안의 명산 태화산 연꽃 봉우리
의 정중앙에 위치한 명당에 위치
하고 있다. 백제 무왕(640) 때 창
건되었다고 한다. 이후 3년 뒤에
신라의 자장율사가 당나라에서
수행을 마치고 귀국하면서 부처
님의 진신사리 10과를 광덕사에
전했다.

1680년에 찬술된 〈광덕사사적기〉에 따르면 "신라 흥덕왕(832) 때 진산화상
이 창건했다"고 전하나 이는 중창일 것으로 추측하고 있다. 진산화상이 중
창해 대가람을 이루었을 때는 태화산에 89개의 암자가 있었고, 경기 충청에
서 제일가는 사찰이었다. 고려와 조선시대까지 번창했던 광덕사는 임진왜
란 때 모두 소실된 뒤 희묵스님이 1598년 광덕사를 복원했다고 전해진다.
1723년에 다시 화재로 500여 칸이 소실된 후 중수됐으며, 1741년에 대웅전
삼세불도가 조성됐고, 1749년에 광덕사 괘불탱이 조성됐다. 중요문화재로
는 보물 제1246호 광덕사 감역교지(減役敎旨), 보물 제1247호 광덕사 조선사
경(朝鮮寫經), 보물 제390호 광덕사 고려사경(高麗寫經), 보물 제1261호 광덕
사 노사나불괘불탱 등이 있고, 국가지정 천연기념물 제398호인 광덕사 호
두나무도 있다. 이 밖에 광덕사부도와 3층석탑이 충남도 유형문화재로 보
호되고 있으며, 대웅전과 광덕사 석사자 등은 문화재자료로 보호되고 있다.

가을길

단풍숲길

슬픔 가득 묻어나는 단풍잎 지니
붉은 상사화 고개를 드네

잎이 진들 뭐가 그리 슬플까마는, 가을 스산한 비에 젖은 단풍이 눈물겹다. 붉게 물든 단풍이 서럽기 그지없다. 고창 선운사에는 온통 단풍이 지천이다. 찬란한 조락의 아름다움이다. 적멸의 아름다움이다. 화려하기조차 한 형형색색 단풍의 자태가 시선을 빼앗는다. 단번에 마음이 간다. 하지만 이내 떨어질 것을 생각하니 무상한 슬픔이 밀려온다.

선운사 단풍숲길을 걸으며 참으로 살아 있음에 감사를 느낀다. 살아 숨쉬며 이 '죽음의 향연'을 볼 수 있는 행운을 가졌다는 사실이 고맙다. 살아 있음에 죽음을 관망하며 죽음으로 한 발짝 다가서는 인간들, 그 자연스러운 프랙탈(작은 구조가 전체 구조와 비슷한 형태로 끝없이 되풀이 되는 구조)이 오늘 하루를 숨쉬게 한다. 여행은 어느 곳으로 가든 나름의 의

미를 지니고 있지만 선운사 단풍숲길로의 여행은 잘 왔다는 생각을 거듭 하게 한다.

단풍숲길을 거닐면서 죽음이라는 단어에 침잠해 본다. 지금은 단풍이 있어 화려하지만 곧 다가올 겨울을 생각하면 마음이 휑해지는 것처럼, 우리도 반짝이는 세월들이 지나면 서서히 죽음을 맞이할 것이다. 유명 인사들의 죽음처럼 세상을 떠들썩하게 하지는 않더라도 자신의 죽음을 추모해 주는 몇몇이라도 있어야 세상을 떠나는 길이 쓸쓸하지 않을 듯하다. 아무도 알아주지 않는 죽음처럼 무정한 낙엽이 선운산(禪雲山)을 흔들고 있다. 우수수 떨어지는 조락의 비운은 사람의 죽음과는 무관해 보인다. 나무에게 삶과 죽음은 그저 일 년에 한 번 겪는 일상사처럼 보인다.

선운사 단풍숲길에는 슬픔이 묻어 있다. '선운산'은 '설운산'인지 처음부터 슬픈 감정을 건드린다. 그래서일까? 선운산에 올 때는 비가 온다. 묘하게 슬픔이 묻어난다.

슬픔은 슬픔을 낳는 법일까. 선운사를 대표하는 꽃무릇과 동백꽃에서도 역시 슬픔이 묻어난다. 9월 말 단풍이 오기 전에 피는 꽃무릇은 선운사의 또 다른 슬픔을 잉태한다.

꽃잎 사이로 수술이 길게 나와 하늘을 향해 뻗어 있는 꽃무릇은 '지옥의 꽃' 또는 '죽은 이의 꽃'이라고 한다. 꽃과 잎이 따로 피는 독특한 생태적 특성 때문이다. 9~10월경 꽃이 완전히 지고난 뒤 겨울을 보내고 이듬해 잎이 자라났다가 5월경 완전히 말라버린다. 더운 여름 동안은 자취도 없이 지내다가 가을이 되면 매끈한 꽃대가 쑥 자라나 다시 붉은 꽃을 피운다.

이러한 생태가 독특하기만 하다. 하지만 그 모습이 현생의 고통에서 벗어나는 열반의 세계에 드는 것 같다고 하여 '피안화(彼岸花)'라 불리기도 한다. 꽃이 피는 습성이 독신으로 생을 마치는 수도자와 같다고 하여 '중꽃' 혹은 '중무릇'으로 불렀다.

같은 속의 식물로 상사화가 있다. 꽃무릇과는 색깔과 생김새가 다를 뿐 생태와 습성도 비슷하다. 상사화는 꽃과 잎이 서로 만나지 못하는 데서 연유된 명칭으로 '이별초'라고도 불린다. 꽃무릇과 상사화에는 불교과 관련된 전설이 담겨 있다. 우선 꽃무릇의 전설을 보자

어느 깊은 산사에 속세의 인연을 끊고 오직 수행에만 몰두해 온 젊은 스님이 있었다. 유난히 장대 같은 비가 쏟아져 내리던 어느 여름 날 이 고요한 산사에 젊고 아름다운 여인이 불공을 드리러 왔다. 비가 너무 많이 와 내려가지 못하고 사찰 마당의 나무 아래서 비가 그치기를 기다리고 있었는데 젊은 스님이 여인에게 한눈에 반해버렸다.

그때부터 혼자만의 연정이 시작돼 날이 갈수록 번민이 깊어졌다. 수행도 안 되고 식음도 전폐하면서 오로지 그 여인에 대한 연모의 정만 깊어지다 결국 백 일만에 붉은 피를 토하며 죽고 말았다. 함께 수행하던 스님이 이를 가엾이 여겨 양지바른 언덕에 묻어주었다. 그 이듬해 무덤에서는 한 포기 풀이 자랐다가 시들더니 가을이 시작될 무렵 갑자기 긴 꽃줄기에서 선홍색의 꽃이 피었다. 이 소문이 마을에 전해지게 되었고 사람들은 그 꽃을 젊은 스님이 애틋한 연모로 인해 죽을 때 토한 붉은 피로 생각하고 '꽃무릇'이라 이름 붙였다.

푸른 잎은 붉은 꽃을 보지 못하고 붉은 꽃은 푸른 잎을 보지 못하는 모습을 보면 전설에 나오는 젊은 수행자의 이루지 못한 사랑의 비극이 연상된다. 세속적인 사연이지만 사람에 대한 사랑의 이야기라 애절한 마음이 든다. '이룰 수 없는 사랑'이라는 꽃말을 가진 상사화의 전설도 비슷하다.

옛날 한 마을에 너무나 사랑하는 부부가 아이가 없어 간절히 소망한 가운데 늦게야 태어난 아이가 딸이었다. 외동딸로 태어난 아이는 미모가 출중했을 뿐만 아니라 부모님에 대한 효성도 지극했다.

그러던 어느 날 아버지가 병으로 돌아가시어 절을 찾아 극락왕생을 기원하는 백일기도를 올리는데 운명의 장난이 시작됐다. 아름다운 처녀를 몰래 훔쳐본 이 절 주지스님의 시자(시중 드는 어린 스님)가 있었다. 한눈에 외동딸에 반한 스님은 몰래 가슴앓이를 한다. 결국 백일기도를 하고 돌아가는 날까지 먼 곳에서 바라보며 시름시름 앓다가 죽고 만

다. 그리고 화장해 뼈를 뿌린 자리에 이름 없는 풀이 불쑥 자랐다가 흔적도 없이 잎이 진 뒤 초가을이 되어 불쑥 피어나니 아름답기가 이를 데 없었다. 스님이 환생한 것으로 믿은 사람들은 이 꽃을 '상사화'라고 불렀다.

이 상사화와 꽃무릇을 옛날부터 절에 많이 심은 이유가 있다. 뿌리에서 나오는 즙이 탱화 또는 단청의 안료로 사용됐기 때문이다. 이 안료는 자연방부제 역할을 해서 좀이 슬지도 않고 색이 바래지도 않는다.

자원식물로도 이용했다. 5월경 잎이 지고 난 뒤 알뿌리를 캐내어 갈면 전분을 채취할 수 있다. 이것으로 종이를 서로 붙이거나 책을 엮는 데 필요한 강력본드로 사용했다. 강한 살균력 때문에 이 풀로 붙인 한지는 오랜 시간이 지나도 좀이 슬지 않는다. 수천 년의 역사를 자랑하는 우리나라의 인쇄문화는 불경출판이 그 효시였으니, 불경을 인쇄·제책하던 절에서 꽃무릇과 상사화를 많이 심었던 것은 당연하다. 지금도 이들이 많이 핀 곳은 절터였을 가능성이 높다.

그러나 알뿌리와 잎에는 맹독성이 있어 양파로 오인하여 잘못 먹으면 구토·복통·어지럼증 등을 일으키거나, 모르고 입에 넣고 씹으면 혀가 구부러진다. 하지만 리코닌 성분은 거담작용·해열에 뛰어난 효과가 있고, 최근 암치료제로 개발되기도 했으며, 알뿌리 삶은 물에 발을 담그면 무좀이 치료된다고 한다.

선운사가 지닌 또 다른 슬픔의 모티

브는 동백꽃이다. 피어 있을 때보다 뚝뚝 떨어질 때의 처연함이 더 아름다운 꽃이 동백이다. 너무도 슬퍼 슬프다고 말하지 못하고 붉은 눈물을 뚝뚝 떨어뜨리는 듯 '후두둑' 떨어질 때면 가슴을 후벼 파는 아련한 슬픔이 마음 한구석에 자리한다.

순결하고 청순함을 송두리째 떨구고 마는 동백꽃은 눈물 방울 떨어지듯 선홍의 핏빛 사랑을 머금고 있다. 선운사의 동백꽃이 유달리 그러한 건 이곳을 배경으로 한 시와 노래가 즐비하기 때문이기도 하다. 정훈 시인의 〈동백〉이란 시에는 그 애절함이 묻어 있다.

백설(白雪)이 눈부신

하늘 한 모서리

다홍으로

불이 붙는다.

차가울수록

사모치는 정화(情火)

그 뉘를 사모하기에

이 깊은 겨울에 애태워 피는가.

슬픔이 어우러진 선운사에 가면 곡차 생각이 난다. 지천에 널린 복분자 술을 마시면 슬픔이 치유될 것만 같다. 슬플 때는 실컷 슬퍼하라. 그리고 난 뒤 그 슬픔의 끝을 짚고 일어나라. 슬픔의 무게는 한결 가벼워질 것이다.

걷 기 여 행   포 인 트

"오묘한 지혜의 경계인 구름에 머무르면서 갈고 닦아 선정의 경지를 얻는
다" 하여 '선운사'라 이름 지었다. 선운사의 걷기여행은 일주문에서부터
시작해 맨 마지막에는 선운산 깊숙이 자리 잡고 있는 도솔암까지 이어진다.
비교적 널찍한 평탄길을 걸을 수 있는 선운사는 계곡의 수량도 풍부하다.
무엇보다 걷기여행의 백미는 가을 단풍나무 숲의 황홀경이다. 가을이면 사
진촬영 대회를 열 정도로 유명한 단풍은 꽃무릇과 더불어 우리나라에서 둘
째가라면 서러워 할 경치를 소유하고 있다.

9월 말 붉은 꽃무릇이 절정을 이뤄 산사의
운치를 더해 준다. 일주문에서 30여 분 올라
가면 웅장한 선운사가 방문객을 압도한다.
대웅보전 앞에 있는 만세루는 정면 9칸, 측
면 2칸의 맞배지붕 건물로 일반인들이 쉬어
갈 수 있도록 배려해 놓았다. 절 창건 당시
부터 있었던 건물로 연회나 불교의식이 행
해질 때 사용했던 사찰 누각이다. 불법의 오묘한 이치가 만 년이 되도록 이
어지라는 의미로 지어졌다. 작으면 작은 대로 크면 큰 대로 목재를 적재적
소에 활용해 세운 전각은 뛰어난 장인의 솜씨가 느껴진다.

대웅전 뒤편의 동백나무 군락지는 천연기념
물 제184호로 지정되어 있다. 선운사의 동
백은 본래 자생림이 아니고 오래전에 동백
열매를 얻기 위해 인공 조림했다고 한다. 대
웅전 뒤쪽 절의 서방 산록에 자리한 5,000여
평의 울창한 숲은 수종 보호를 위해 일반인 출입이 통제돼 있다.
선운사를 나와 등산로를 따라 난 산길을 약 2㎞ 올라가면 깎아지른 절벽이
건너다보이는 절경 속에 도솔암이 자리하고 있다. 도솔암에는 절벽에 새겨
놓은 마애불이 유명하다.

마애불좌상 안내문에는 "불상 배꼽에 비책이 있었는데 민중의 지도자가 되어 왕도정치를 타파하고 민중이 되는 시대를 열 지도자가 나올 것이라 예언했다"고 한다. 갖가지 영험과 전설에 의해 기도객들이 줄을 잇고 있다. 일주문에서 넉넉잡아 세 시간을 잡아 선운사와 도솔암을 다녀올 수 있다.

고 창 선 운 사 는 …

대한불교조계종 제24교구본사다. 577년(백제 위덕왕 24)에 검단 선사가 창건하였으며, 그후 폐사가 되어 1기의 석탑만 남아 있던 것을 1354년(고려 공민왕 3)에 효정선사가 중수하였다. 1472년(조선 성종 3)부터 10여 년간 극유가 성종의 숙부 덕원군의 후원으로 대대적인 중창을 하였는데 정유재란으로 본당을 제외하고 모두 불타버렸다.

조선 후기 선운사가 한창 번창할 무렵에는 89개의 암자와 189채의 건물, 그리고 수도를 위한 24개소의 굴이 있던 대가람이라고 기록되어 있다. 1613년(광해군 5)에는 무장현감 송석조가 일관·원준 등 승려와 함께 재건을 도모, 3년에 걸쳐 대웅전·만세루·영산전·명부전 등을 건립했다.

겨울길

Winter Forest

—

눈길

휘 리 릭 산 새 소 리 들 으 며

견 우 직 녀 찾 아 가 볼 거 나

　어디서 왔는지도 모르고 태어났다. 오로지 삶에 대한 애착만 가지고 태어난 듯 생존을 위해 애쓰며 살아갈 뿐. 하얀 백설의 공간을 걷는 속초 계조암 가는 길에서 인간의 삶에 대한 생각을 했다. 시간에 쫓겨 이리저리 버둥거리는 현대인의 모습이 애처로워서다. 인간은 스스로 만들어 낸 시간의 덫에 걸려 산다. '배고프면 먹고 졸리면 잔다'는 남전보원 선사의 평상심을 현대인의 생활에서는 애초에 찾을 수 없다. 현대인에게 삶의 여유나 자유는 사치일 뿐이다.

　시간은 원래 인간의 필요에 의해 만들어지지 않았던가. 시간 개념이 없어 불편했기에 만든 개념이 이제는 그 속에 인간을 가두고 있다. 하지만 인류에게 시간의 사라짐은 태양의 상실과 견줄 만도 하다. 시간에 예속되어 살면서도 인간에게 시간은 반드시 필요한 존재가 되었다. 그

만큼 삶의 여유는 점점 자리를 내어 주면서도 말이다.

눈 세상인 설악산 계조암을 오르며 시간을 잊어 본다. 언제 어디서 어떻게 왜 가는지를 잊는다. 백색의 향연을 그저 바라보고 감탄하며 걸을 뿐이다. 발끝에 감기는 눈의 질감만 느껴지고 아이젠을 찬 신발에 '착착'거리는 소리만 귓가에 들려온다.

내가 누군지 생각하지도 않았다. 그저 나뭇가지를 늘어뜨리며 떨어지는 눈송이들이 감각을 일깨울 뿐이다. 폭설 때문인지 계조암을 찾는 이도 드물다. 휘리릭 날아다니는 산새만 먹이를 구하느라 분주하다.

어느 정도 걸었는지도 모른다. 그저 눈앞에 나 있는 길을 따라 오직 걸을 뿐이다. 세상 아득한 곳에 있는 블랙홀로 빠져 들어가는 기분이

다. 순간 나는 없다. 우주에 던져진 하나의 개체만 있다. 걸으면서 걷기 삼매에 빠져든다.

"아 편안하고 편안하다."

한참을 걸으니 평탄한 길이 가팔라지고 험해진다. 신흥사에 오를 때만 해도 아이젠이 필요할까 생각했는데 이제는 엄청 요긴하다. 발목까지 파묻히는 눈길에 닳아 미끌미끌해졌다. 이래서 준비라는 게 필요하구나 싶다. 아무 생각 없이 오르려는데 "어이, 아저씨. 아이젠 없이 어떻게 산을 오르려고 해. 이거 삼천 원에 빌려 줄 테니 가지고 가"라며 아이젠을 권하던 가게 아주머니의 마음이 상술(商術)이 아니라 진심임을 알았다. 상술로 지레짐작하고 그냥 올라왔더라면 낭패를 당할 뻔했다. 그냥 등산화로 오르기에는 무척 난감한 길이었다.

고요한 이 세계가 등산하는 나그네에게는 침묵의 숲이지만 숲 속에 사는 생명체들에게 결코 침묵의 숲이 아니다. 지즐대는 산새와 자연의 바람 소리, 물소리는 계곡에 가득하다.

울산바위에 매달린 듯 자리잡은 계조암은 인간세계가 아니라 신선계(神仙界) 같다. 쏟아져 내릴 것만 같은 암봉들을 쳐다보기만 해도 현기증이 날 정도다. 어떻게 이런 암자가 생길 수 있었을까? 인간의 힘에 의해 세워졌을 것이라곤 믿어지지 않는다. 사찰의 유래를 보니 수긍이 된다. 계조암은 바위동굴 암자로 목탁 형상을 하고 있다. 이곳에서 도를 이룬 선지식이 무수히 나왔다. 그래서 암자 이름도 조사의 계보를 잇는다는 의미에서 계조암(繼祖庵)으로 정했다.

아득한 옛날 계조암에 한 스님이 공부하기 위해 걸망을 풀었다.

"여기가 그 유명한 계조암이구나. 이곳에서 공부하면 '조사'의 경지에 오를 수 있을 만큼 높은 경지에 오른다고 했다지? 나도 여기서 공부해 조사의 반열에 올라야겠어."

이렇게 작심한 스님은 계조암에 머물면서 수행을 시작했다. 하지만 이 스님은 원래 천성이 게으른 데다 실천 의지도 부족해 제대로 된 수행을 하지 않았다. 그저 계조암의 명성만 믿고 암자에 살면 깨침을 얻을 수 있다고 생각하고 막연히 들어와 하루 종일 빈둥거리기만 했다. 당연히 수행의 성과도 보이지 않았다.

"아니, 계조암에 머물기만 하면 공부가 잘된다고 하지 않았는가? 그런데 나는 왜 공부에 아무런 진척이 없는 것이야."

스님은 수행은 하지 않으면서도 깨달음을 얻고 싶어 이런 저런 불평불만을 하기 시작했다. 하지만 주변에서는 스님의 불평을 받아 줄 사람이 없었다. 하는 수 없이 스님은 굴법당을 왔다 갔다 하면서 시간을 허비하고 있었다.

무더운 여름 어느 날이었다. 스님은 굴법당에 도착해서는 아예 낮잠부터 청했다.

"어이쿠 시원하다. 오늘은 늘어지게 낮잠이나 자야겠어."

굴법당에서 잠이 든 스님은 꿈을 꾸었다. 어디에선가 이상한 소리가 들리기 시작했다.

"똑 또르르… 똑 또르르…."

계속해서 들려오는 소리에 스님은 잠에서 깨어났다.

"무슨 소리지? 이상한 소리가 꿈에서 들리네."

단잠에서 깨어난 스님은 몹시 불쾌해하며 다시 잠을 청했다. 그런데 또 꿈에서 같은 소리가 들렸다.

"똑 또르르… 똑 또르르…."

"아이고 시끄러워라. 무슨 소리가 자꾸 들려오네. 아마도 목탁 소리 같은데?"

스님은 자리에서 벌떡 일어났다.

"나 원 참. 귓구멍에 뭐가 들어간 모양이야."

동굴법당을 나온 스님은 귀이개로 귓구멍을 파 보았지만 아무것도 없었다.

이 사건이 일어난 뒤부터 스님은 법당에서 잠을 잘 수가 없었다. 잠만 들면 목탁 소리가 자꾸 들려왔기 때문이다. 시간이 지날수록 게으름을 피우는 순간마다 스님의 귓전에는 목탁 소리가 들려왔다. 하는 수 없이 스님은 좌복에 앉아 수행을 하지 않을 수 없게 되었다.

"허허, 참 이상도 하구나. 내가 게으름만 피우려 하면 목탁 소리가 들리니 참선을 안 하려 해도 안 할 수가 없어."

이렇게 시간이 흐르자 게으름뱅이 스님은 어느 날 새벽 큰 깨달음을 얻을 수 있었다.

"세상이 활짝 열리는구나. 나는 드디어 도(道)를 얻었어."

깨침을 얻은 스님은 계속 계조암에 머물면서 수행하여 열심히 부처님의 가르침을 전했다. 하지만 자신을 경책하는 목탁 소리가 어디에서 들려오는지는 알지 못했다.

"참으로 이상한 일이야. 분명 나를 깨닫게 해 준 소리는 목탁 소리였는데 어디서 들려오는지는 파악이 되지 않는구나."

그러던 어느 날 스님은 꿈을 꾸었다. 하얀 백발을 한 노스님이 나타나 계시를 주었다.

"이보시오, 스님. 목탁 소리가 어디서 들려오는지 궁금하지 않으시오? 그걸 알고 싶다면 내일 아침 앞산 달마봉에 올라 암자를 쳐다보면 그 답을 얻을 수 있을 것이오."

다음 날 날이 밝자 스님은 건너편 달마봉을 오르기 시작했다.

"꿈에 계시를 준 것으로 봐서 분명 무슨 단서를 찾을 수 있을 것이야."

부지런히 산을 오른 스님은 드디어 달마봉에 도착했다. 평소 계조암에서 동남쪽을 보면 마주 보이는 달마봉은 마치 달마스님이 서 있는 모습같이 보여 '달마봉'이라 했다.

"어디가 계조암이지. 그렇지 저기구나."

달마봉에 선 스님은 찬찬히 계조암이 있는 쪽을 살펴보았다.

"아니, 이럴 수가!"

깜짝 놀란 스님은 눈을 비비고 다시 울산바위 아래의 계조암 주변을 살폈다. 거대한 암봉을 타고 내려오는 산의 정기가 머문 곳이 봉긋하게 솟아 있는데 분명 목탁의 형상을 하고 있었다. 그 목탁 형상을 한 위쪽으로는 목탁채에 해당되는 형상의 바위가 나란히 놓여 있었다.

"그래. 내 귓가에 맴돌던 그 목탁 소리가 저곳에서 나는 소리였어."

스님은 자신을 경책했던 굴법당이 거대한 목탁바위였음을 알게 되었다.

계조암의 법당에는 현재 석가모니부처님과 500나한님을 봉안하고 있다. 이곳에서 진행되는 나한기도의 영험은 널리 알려져 찾는 기도객들이 많다.

계조암에는 견우와 직녀의 이야기도 전하고 있다. 옛날 하늘 궁전에 견우와 직녀가 매년 칠월 칠석에 오작교에서 아쉬운 만남을 계속해 왔다. 어느 해 견우는 직녀와의 만남을 조금이나마 연장해 보기 위한 꾀를 냈다.

"그래, 하늘 닭을 찾아가 부탁을 해 보자."

견우는 곧바로 하늘 닭〔天鷄〕을 찾아갔다.

“이보오, 하늘 닭님. 당신은 나의 딱한 사정을 누구보다도 잘 알고 있지 않소?”

그러나 하늘 닭은 단호했다.

“나야 옥황상제님의 명에 따라 움직일 수밖에 없어요. 그러니 내게 그러지 마시고 정히 그렇게 하고 싶다면 직접 옥황상제님을 찾아가서 부탁해 보시오.”

이미 옥황상제의 단호한 처결을 받은 견우는 그렇게 할 수가 없었다. 이런 저런 고민을 하던 견우는 새로운 계략을 꾸몄다.

“그래, 하늘 닭님에게 뇌물을 주어서 하루만이라도 울지 말아 달라고 해야겠어.”

다음 날 하늘 닭을 찾아간 견우는 다시 부탁을 했다.

“하늘 닭님. 제발 저의 처지를 딱하게 여기시고 이번 칠석날에는 하루만 늦게 울음을 터트려 주세요.”

이어 견우는 하늘 닭에게 뇌물을 살짝 건넸다. 하늘 닭은 너무도 애절하게 부탁하는 견우의 청을 거절할 수 없어 건네 주는 뇌물을 받았다. 순간 갑자기 하늘에서 천둥과 번개가 치면서 옥황상제가 나타났다.

“이놈들. 내가 그렇게 일렀거늘. 너희들이 하늘의 법도를 거역하려 하느냐.”

견우와 하늘 닭은 그 자리에서 머리를 조아렸다.

“잘, 잘못했습니다.”

옥황상제는 단호했다.

“이미 늦었다. 너희들은 이제 죄과를 받을 것이야.”

옥황상제는 하늘 닭과 견우와 직녀를 단단한 바위로 변하게 하여 설악산으로 내려 보냈는데, 하늘 닭은 약간의 힘만 가해도 흔들리는 '흔들바위'로, 또 견우와 직녀는 '부부암'으로 변하는 형벌을 받았다고 한다.

시간을 돌이켜 현실로 돌아온다. 세상은 변함이 없는데 나의 인식만 변해 있다. 나와 무관하게 돌아가는 세상에 내가 주인인양 허세를 부리는 게 부당해 보인다. 그래서 우리 인간은 지구라는 우주에 와서 폐만 끼치다 돌아가는 존재가 아닌가 하는 생각이 든다. 소욕지족의 삶으로 지구에 최소한 피해를 주지 말아야겠다는 다짐을 해 본다.

걷 기 여 행 포 인 트

신흥사 주차장에서 시작되는 계조암 가는 길은 산길답지 않게 널찍하다. 봄 여름 가을 겨울 계절대로 운치가 솟아나는 숲길이다. 길은 멀지도 가깝지도 않다. 넉넉잡아 한 시간이면 충분히 오를 수 있는 길이다.

계조암을 찾는 이들보다 울산바위로 향하는 등산객들이 더 많이 찾는 숲길이다. 돌길인가 싶다가 흙길이 나오고, 평지 길인가 싶다가도 가파른 계곡 길이 이어진다. 계곡과 나무 계단도 적절해 지루하지 않다.

숲길에는 두 가지 볼거리가 있다. 하나는 강원 북부 지역의 최대 사찰인 신흥사다. 일제 시대 때만 해도 건봉사 말사에 속해 있었지만 지금은 강원 북부 지역을 관할하는 교구 본사다. 거대한 청동대불과 수백 년 된 전나무가 천년 고찰의 위엄을 드러낸다. 신흥사에는 향성선원이 개원돼 결제 때마다 많은 수행자들이 깨달음을 위해 정진하는 곳이기도 하다.

다른 하나는 울산바위다. 계조암 뒤편 거대한 암봉을 이루고 있는 울산바위는 둘레 4km, 높이 873m의 거대한 바윗덩어리로 설악산을 찾는 관광객들이 가장 많이 찾는 명소 가운데 하나다.

설악산 탐방로 중에서 힘든 코스로 알려져 있다. 이곳은 바위 중앙부에 정상까지 이어지는 철제 계단이 놓여 있다. 암봉 사이를 관통하며 걸쳐 있는 데다 경사가 매우 급해 '공포의 808계단'으로 불리기도 한다. 맑은 날에는 장엄한 기암괴석이 방문객을 압도하며 동해바다가 한눈에 들어온다. 계조암 아래에는 매점이 있어 음료수를 비롯해 마실 것과 먹을 것도 구할 수 있다.

계조암은 강원도 속초시 설악동 170번지에 위치한다. 설악산 울산바위 아래에 있다. 대한불교조계종 제3교구본사인 신흥사의 산내암자다. 이 암자는 신라 때인 652년 진덕여왕 6년에 자장율사가 창건했다. 자장율사는 계조암 석굴에 머물면서 652년 향성사(현재 신흥사의 옛 이름)와 능인암(현재 내원암)을 창건했다.

신흥사에서 2.3km 북쪽에 있는 계조암은 의상, 원효 등 '조사(祖師)'의 칭호를 얻을 만한 스님들이 수행해 도를 이루었다.

석굴법당은 천혜의 수행처로 예로부터 수행이 잘 되기로 명성이 높아 10년 걸릴 공부를 5년이면 끝낼 수 있다고 전해진다.

돌탑길

계 곡 바 위 틈 억 척 돌 단 풍
하 얀 꽃 피 울 꿈 을 꾸 고 있 네

칼바람이 분다. 속살을 도려내는 듯한 추위가 살갖을 파고든다. 설악의 매서운 추위는 바람을 타고 더욱 거세다. 추위에 잔뜩 주눅 든 나그네를 몰아세운다. 이 시대의 피카소로 불렸던 '걸레 중광' 스님이 몸을 바꾸면서 한 말처럼 '괜히 왔다'는 생각이 든다.

하지만 겨울 설악은 이렇게 바람이 불고 추워야 제맛이다. 그래야 설악답다. 차디찬 바람에 몸이 꽁꽁 얼어붙는 방문객은 괴롭지만 그게 당연한 자연의 이치다.

계곡 바위틈 사이에 돌단풍이 억척스럽게 뿌리를 붙이고 앉아 하얀 꽃을 피울 꿈을 꾸고 있다. 겨울 눈사태도 이겨내고 봄 가뭄도 이겨내야 한다. 깜깜했던 하늘이 새벽마다 잠깐 내려 주는 이슬을 머금으며 돌 틈에서 싹을 틔운 뒤 꽃을 피워내리라. 혹한의 추위가 없으면 봄 매

화의 향기를 기대할 수 없는 것처럼 인고의 겨울을 보낸 돌단풍은 보란 듯이 탐스런 꽃을 피워낼 것이다.

"인제 가면 언제 오나, 원통해서 못 살겠다"고 하는 곳이 백담사가 위치한 인제다. 과거에는 오지 중의 오지였으나 요즘은 사통팔달 길이 뚫려 동해 바다에 금방 왔다 갔다 하는 곳이 됐다. 서울에서도 족히 세 시간이면 도착하는 곳이다. 그렇지만 유달리 그 추위의 참맛을 느끼는 곳이 인제 백담사다. 사찰 입구에 이르면 계곡에서 흘러내리는 돌들이 수많은 돌탑으로 변해 있다. 누가 시키지도 않았는데 방문객들이 오가 며 쌓아 놓았다. 일이라 생각하고 매일매일 쌓는다고 해도 이 정도로 쌓자면 상당한 시간이 걸릴 터다. 또 여름 장마가 지나가면 다 허물어 지니 그 후부터 쌓았을 돌탑이 참으로 신기하고 경이롭다. 돌탑은 추운 겨울에 눈을 더해 새하얀 자태를 뽐내고 있다. 불가사의한 모습이 눈앞 에 펼쳐져 있는 백담사는 창건 이야기도 범상치 않다.

백담사는 원래 강원도 낭천(狼川, 지금의 강원도 화천) 땅에 '북금사'라 는 이름으로 있었다. 그런데 이곳에는 포수들이 짐승을 잡으러 오는 등 불도에 어긋난 일이 자꾸 생겨났다. 이 모습을 보며 주지스님의 고민은 늘어만 갔다.

"부처님 도량에 왜 자꾸 사냥꾼들이 몰려와 살생을 저지른단 말인 가. 그렇다면 정녕 이 자리는 불도를 닦는 자리로 마땅하지 않다는 말 이 아닌가? 걱정이로고……."

북금사 주지스님은 부처님 전에 기도할 때마다 '어리석은 중생들이 살생을 저지르지 않게 해 달라'는 발원을 해 보았지만 소용이 없었다.

그러던 어느 날 주지스님은 마침내 큰 결단을 내렸다.

"도량을 옮겨야겠어. 이 자리는 부처님을 모시고 수행할 자리가 되지 못해. 매일 저 피비린내 나는 살생의 현장을 목도하기에는 인내심의 한계가 왔어."

그리하여 북금사 주지스님은 짐을 꾸려 인제군 한계리로 향했다.

"이왕 옮길 거면 모든 물건을 하룻밤에 다 옮겨야지."

인근의 소달구지를 동원해 짐을 싼 북금사 주지스님은 춘천을 지나고 양구를 지나 밤새도록 걸어 인제군 북면 한계리에 도착했다.

"그래, 이곳이야. 저 높은 산들이며 계곡을 보니 정진하고 싶은 마음이 저절로 우러나오는군."

그리고 짐을 풀던 스님은 깜짝 놀랐다.

"아니, 청동화로는 어디 갔을까? 절구는 어디 갔지?"

절에서 부처님께 향을 꽂던 화로가 없어지고, 곡식을 찧어 음식을 만들던 절구통이 없어진 것이다. 결국 이 물건을 떨어뜨린 곳인 춘천시의 한 마을은 '절구골'이란 지명이 생겼고, 청동화로가 떨어진 곳은 '청동골'이란 지명이 생겼다.

한계리에 부처님 사리를 모실 탑을 세우고 '한계사'라고 이름을 붙였다. 하지만 여기에서는 또 다른 문제가 발생하기 시작했다.

"살생의 화를 면하니, 이제는 화마가 절을 매번 삼켜 버리는구나. 이를 어찌하면 좋단 말인가?"

어렵사리 옮겨온 한계사에서는 매번 화재가 발생하더니 몇 년 사이에 다섯 차례나 화재가 발생했다.

"정말 큰일이구나. 무슨 방도를 찾을 수가 없단 말인가? 내 오늘부터 산신기도에 들어 그 해법을 꼭 찾고 말겠다."

주지스님이 산신기도에 들어간 지 100일째 되던 날 현몽을 통해 응답이 왔다. 긴 백발에 수염이 성성한 산신령이 말을 타고 주지스님 앞에 나타났다.

"스님의 고민을 해결해 주기 위해 왔소."

"네? 저의 고민을 해결해 주겠다구요. 당신은 누구신데 그 어려운 문제를 해결해 주겠다는 것이오?"

"나는 설악산의 산신령이오. 스님이 자리를 정한 절터는 화기가 강해 불을 피할 수 없는 자리오. 그러니 매번 화재가 발생해 큰 피해를 입는 것이오. 그 일은 앞으로도 계속될 것이니 절터를 옮겨야 하오."

그리하여 주지스님은 한계사를 폐하고, 인제군 용대리 암자동으로 절을 옮겨 '영추사'라고 불렀다. 꿈에서 말을 탄 산신령의 이름을 따서 '신령 령(靈)' 자에 '말 먹일 추(騶)' 자를 써서 지은 사찰명이었다.

"이제는 화마에서 벗어나겠지."

이렇게 안심을 한 주지스님의 바람은 또 다시 물거품이 되고 말았다. 절을 옮긴 지 얼마 되지 않아 다시 큰 화재가 발생해 사찰을 전부 태워버리고 말았다.

"도대체 어찌해야 한단 말인가. 산신령이 일러준 대로 절을 옮겼는데도 자꾸 불이 나니 정말 다른 방법은 없는 것인가?"

낙담에 빠져 있던 어느 날 스님의 꿈에 다시 산신령이 나타났다.

"이보시오, 주지스님!"

시름에 지친 스님은 꿈에서조차 대답할 기력이 없어 힘없이 말했다.

"이제는 너무 지쳐버렸어요. 절터를 옮겼지만 계속 일어나는 화재에 아무 대책도 세우지 못하고 있으니 소납은 이제 부처님 곁을 떠나야 할 인연인가 보오."

그러자 산신령이 고개를 저으며 말했다.

"아니오. 당신은 훌륭한 스님이 될 수 있소. 지금까지 일어난 일들은 당신의 수행력을 가늠해 보기 위한 불보살들의 시험과정이었소. 이제 내 말을 잘 듣고 행하면 다시는 화마로부터 피해를 입는 일은 없을 것이오."

"산신령님, 그렇다면 어디로 옮겨야 하는지요?"

"내일 동이 트거든 설악산 대청봉으로 올라가 보시오. 그곳에서 아래로 내려오면서 100번째 되는 연못 자리에 터를 잡고 사찰을 세우시오. 그리고 절 이름을 '백담사'라고 하시오."

산신령이 사라지자 꿈에서 화들짝 깨어난 주지스님은 밤새도록 잠을 이루지 못했다. 다음 날 날이 밝기가 무섭게 설악산의 최고봉 대청봉으로 올라가 아래를 내려다보았다. 굽이굽이 물결치는 내설악 계곡에는 크고 작은 연못이 아련히 줄을 잇고 있었다.

"하나, 둘, 셋, 넷……."

연못을 계속 세어가던 스님은 용대리에 발길을 멈췄다.

"저기다!"

백 번째 연못 자리에 눈길이 멈춰졌다. 인부를 동원해 연못 자리를 메운 뒤 절을 세우고 '백담사'라는 현판을 내걸었다. 그후 백담사는 화재가 일어나지 않았다.

〈백담사 사적기〉로 추정해 볼 때 이때가 조선 세조 2년(1456)으로 보인다. 실제로 이때부터 영조 48년(1772)까지 300여 년 동안 화재기록이 보이지 않는다. 하지만 영조 51년(1775)에 화재를 만나고 다시 재건해 심원사로 불리다가 정조 때 백담사로 다시 개명한다. 이후 일제시대와 6·25 전쟁 때 불탄 뒤 재건되기도 했다. 수없이 불타고, 다시 세우기를 반복한 백담사는 각별한 운명을 지닌 사찰이 아닌가 싶다.

백담사에는 살아 있는 시성(詩聖)이 있다. 자칭 '백담사 낙승(落僧)'인 오현스님이다. 현재는 신흥사 조실로 불교문학의 큰 버팀목이자 한국불교의 한 축을 형성하고 있다. 스님의 행동반경은 범상을 넘어 신이(神異)할 정도다. 오현스님의 시를 잠시 감상해 보자.

아지랑이

나아갈 길이 없다 물러설 길도 없다
둘러봐야 사방은 허공 끝없는 낭떠러지
우습다
내 평생 헤매어 찾아온 곳이 절벽이라니

끝내 삶도 죽음도 내던져야 할 이 절벽에
마냥 어지러이 떠다니는 아지랑이들
우습다
내 평생 붙잡고 살아온 것이 아지랑이더란 말이냐

내가 나를 바라보니

무금선원에 앉아
내가 나를 바라보니
기는 벌레 한 마리가
몸을 폈다 오그렸다가
온갖 것 다 갉아먹으며
배설하고
알을 슬기도 한다

아득한 성자

하루라는 오늘

오늘이라는 이 하루에

뜨는 해도 다 보고

지는 해도 다 보았다고

더 이상 볼 것 없다고

알 까고 죽는 하루살이 떼

죽을 때가 지났는데도

나는 살아 있지만

그 어느 날 그 하루도 산 것 같지 않고 보면

천 년을 산다고 해도

성자(聖者)는

아득한 하루살이 떼

    승속을 초탈한 무심의 경지에서 나오는 운율은 해탈승만이 구사할 수 있을 듯하다. 시인이자 독립 운동가였던 만해스님도 그의 나이 48세에 백담사에서 〈님의 침묵〉이라는 불후의 작품을 탈고했으니 그의 후신이 아닌가 싶다.

    어두운 식민지 시절, 만해스님이 잃어버린 조국을 이처럼 가슴 저리는 '님'이라는 이름으로 토해냈다면, 오현스님은 혼돈의 21세기에 자유분방하지만 특유의 운율을 함축한 시로 뭇 중생들의 가슴을 울리고

있다. 스님은 이 시대의 도인이자 기인이다. 그의 진가는 그가 적멸의 편에 선 뒤 더 빛날 것으로 확신한다.

설악을 자신의 아호로 지어 사는 도인, 평생 설악을 그리워하며 설악에 묻혀 살다 설악으로 돌아갈 스님이다. 무애행은 이미 널리 알려져 촌철살인의 선풍도골(仙風道骨)이 천하를 호령한다.

오죽했으면 시대의 호걸들이 그를 찾아 도를 구했겠는가. 스님의 무애행은 설악을 꼭 빼닮았다. 권력자 앞에서는 무한히 커지는 대범함이 있고, 권력을 가지지 않는 자들에게서는 무한히 겸손하다.

일전에 백담사에 큰 행사가 있었는데 다른 사람은 몰라도 마을 이장님은 꼭 출석시켜 소개했단다. 이 선사는 행사에서 가장 소중한 분이 동네 이장님이라고 생각하는 모양이다. 이 얼마나 자연스러운 발상인가. 그동안 많은 사람들이 무심히 잊고 있었던 상식을 일깨운 행동이다.

대자연이 있고, 대역사가 있고, 대도인이 있는 백담사 돌탑길은 누구나 한번 꼭 걸어가 볼만한 가치가 있다.

걷 기 여 행   포 인 트

용대리 주차장에서부터 걸을 수 있다. 겨울철에는 두둑한 옷차림으로 무장해야 한다. 이곳 겨울은 눈이 많이 내려 자동차들은 아예 스노타이어를 장착할 정도다.

느린 걸음으로 한 시간 정도 내설악을 두리번거리며 오르다보면 우측 다리 건너 백담사가 자리하고 있다. 경내를 둘러보는 시간은 짧다. 그렇지만 백담사는 사찰을 둘러보는 것보다 내설악산과 조화를 이룬 백담사 주변을 음미하는 게 걷기여행의 참맛이다.

백담사는 영시암과 오세암을 거쳐 봉정암에 오르는 베이스캠프 같은 곳이다. 그래서 백담사에서 하룻밤을 보내는 등산객으로 붐빈다. 템플스테이 사찰로 지정되어 불교 체험 프로그램도 함께 진행하고 있어 관심있는 여행자는 하룻밤을 머무르기 좋다. 백담사에서 영시암까지는 두 시간 안에 갔다올 수 있어 산책도 할 수 있다.

백담사는 강원도 인제군 북면 용대리에 위치한 내설악의 명찰이다. 일제시대 때 독립운동을 주도한 만해스님의 수행처로 유명하다. 3·1 운동 때 33인 중 한 분인 만해스님은 이곳에 머물면서 《불교유신론》《십현담주해》와 시집 《님의 침묵》 등을 집필했다.

내설악 오지(奧地)에 자리 잡고 있는 백담사는 예로부터 사람이 좀처럼 찾기 힘든 구중심처의 수행도량이었다. 그렇지만 수많은 운수납자가 천 리를 멀다하지 않고 이곳을 찾아 깊고 맑은 계곡물에 속진의 번뇌를 털어내고 깨달음을 얻는 선불장(選佛場)으로 이름이 높았다.

백담사에는 국가 지정문화재인 보물 제1182호 목조아미타불좌상이 있다. 극락보전 안에 주불로 봉안되어 있는 이 불상은 영조 24년(1748)에 조성된 것으로서 18세기 전반기의 불상 가운데 수작으로 평가된다.

해송 숲길

사 라 진 것 들 에 대 한 그 리 움
아 픔 이 되 어 훠 이 훠 이 날 다

지나간 것들은 그립다. 현재에 존재하지 않는 것이기에 더 그렇다. 그래서 아득히 흘러가 버린 추억에 더 애착이 간다. 존재하는 것에는 별 애착이 없다. 보고플 때는 그냥 가서 볼 수 있기 때문이다. 하지만 사라져 버린 것들은 두 번 다시 볼 수가 없다. 수없이 다녀본 길이지만 그 길이 없어질 것이라면 무척 그리울 것이리라.

양양 낙산사가 그런 곳이다. 컴퓨터 사진첩 폴더를 여닫다가 2002년 우리 가족이 다녀온 눈 푸르른 소나무 숲길 사진을 찾았다. 2002년 겨울의 낙산사다.

아련하다. 지금은 사라져 버린 해송에 대한 그리움이 가슴으로 파고든다. 과거 그 해송길을 따라 걷던 추억이 유년의 기억처럼 뇌리에 아른거린다.

과거 기억으로 돌아가 2002년 낙산사 천년 해송 숲길을 걸어본다. 일주문의 우람한 기둥과 소나무 숲의 기둥이 닮아 있다. 아마 과거에는 이들이 숲에서 함께 살았을지도 모를 일이다.

"쏴아~ 쏴아~"

파도 소리와 함께 불어오는 바람을 맞는다. 나무로 살았던 추억들을 간직한 숲 속 숯덩이들의 서걱거림이 느껴진다. 얼마나 춥고 시린 추억을 쌓아올렸을까? 세상사 모든 이치가 이렇게 인연을 맺고 사그라진다고 해도 불에 탄 나무의 운명은 슬프다.

지난 2005년 4월 5일 식목일. 꽃샘추위가 기승을 부리고 있을 때 강원

도 양양 일대에 옮겨 붙은 산불이 삽시간에 이 산 저 산을 미친 듯이 휘
젓고 다녔다. TV에서는 연신 강원도 산불 소식을 실시간으로 보도했다.

　이내 불길이 잦아진 듯 고요해졌지만 그 이후에 일어나는 일은 아무
도 상상하지 못했다. 갑자기 불기 시작한 광풍에 온 천지는 다시 불바
다가 되었고, 마을을 건너고 산을 넘어 불길은 걷잡을 수 없을 만큼 요
동치기 시작했다. 수천수만 그루의 소나무들이 분신(焚身)을 하듯 장렬
한 최후를 맞았다. 사람보다 오래 살아왔던 세월을 뒤로 한 채 소나무
들은 이 세상과 마지막 인사를 했다.

　이어 불길은 양양 해변에 접근하더니 기어이 도로를 넘어 낙산사에
들이닥쳤다. 거칠 것 없는 화마는 수십 미터의 불길을 일으키며 삽시간
에 낙산사를 집어 삼켰다. 수백 년 동안 이룬 자연의 수고로움을 한 번
에 날려 버렸다.

　지나간 것은 돌아오지 않는다. 결국 돌아오지 않을 것이기에 그립다.
자꾸 마음속에 부닥치는 낙산사에 대한 애잔함이 멈추지 않는다. 아무
리 마음의 평정을 찾으려 해도 식지 않는 연민의 정이 가슴속에서 울렁
거린다.

　"좋고 싫음 없이 객관적으로 알아차려라."

　화마가 휩쓸고 간 낙산사는 객관적인 알아차림마저 무너뜨린다. 불
이 나기 전 그 아름답던 풍광은 사라지고 앙상한 낙산사의 모습은 초라
하기 그지없었다.

　하지만 세월이 흘러 낙산사는 서서히 자신의 모습을 찾아가고 있다.
세월이 약인 셈이다. 과거 사진에 원통보전 앞에 늘어선 나무가 보인

다. 아름드리나무의 수맥질은 젊은 사람의 혈관처럼 펌프질하고 있었으리라. 그 사라진 나무의 추억은 다시는 존재하지 않는다.

고색창연한 낙산사 입구의 홍예문, 무지개가 두 개 걸려 있는 모습처럼 아름답다는 문이다. 홍예문도 아름답지만 그 너머에서 문을 호위하듯 꽉 들어차 있는 소나무들의 모습이 압권이다. 하지만 그 소나무들은 이제 없다. 적절하게 나이 든 화강암의 색깔만큼 정겨운 느낌 대신 이제는 새로 지은, 그래서 조금은 이질적인 홍예문이 서 있다. 아직 그 자리에 주인이 되지 못해 어색하다.

세월이 지나면 새로 지은 홍예문도 곱게 늙은 모습을 세인들에게 보여주며 과거의 이야기를 무언으로 들려 주리라. 그 뼈저리게 안타까웠던 삭풍의 기억들을 가득 보듬고 세상 살아가는 수많은 사람들에게

‘인고의 세월’에 대한 이야기를 들려 줄 것이다. 간간이 바람 소리를 내며 침묵을 깨뜨리는 파격을 곁들이며 외롭게 살아 온 세월을 자랑도 하리라.

과거에는 이랬다. 노송들의 행렬을 따라가다 보면 저만치 사천왕문이 여느 사찰처럼 ‘떡’ 하니 버티고 서 있었다. 이 문을 지나면 조계문이 나오는데 여기에서 바라보이는 현판에 ‘낙산사’라고 쓰여 있다. 그곳에 이르면 “이제 다 왔구나” 하는 생각을 하게 되나 그게 다가 아니다. 조계문을 지나면 왼쪽에 의상교육원이 웅장한 모습으로 서 있다. 그곳에는 내부보다 외부에 그려져 있는 송광무 화백의 동승 그림이 아기자기했다. 오른쪽에는 은은하게 마음을 끄는 고향실(古香室)이 있었다. 고향실을 지나 마지막 전각 대문을 열고 들면 낙산사 7층석탑을 벗 삼은 원통보전이 자리하고 있었다. 석탑 옆에는 고목이 나란히 자리를 잡아 고즈넉한 산사의 풍치를 더했다.

다시 복원된 원통보전은 원형에 가깝고, 황토를 덧칠한 담장도 옛 정취와 부합돼 있다. 복원 기술이 놀랍기만 하다. 화마가 할퀴고 간 뒤 이어지는 많은 사람들의 복원 노력이 낙산사의 제모습 찾기를 도왔다. 과거에 존재했던 전각을 복원해 낸 것도 큰 의미가 있다. 조선시대 자료를 고증해 전각을 지어 불타기 전보다 더 원래의 모습을 되찾았다는 평가다. 그렇지만 역시 소나무의 장대한 모습은 인간의 힘으로 도저히 복원해 낼 수가 없다. 세월이 흘러야 해결될 문제다.

기다려야 비로소 이룰 수 있는 게 세월이다. 제아무리 큰 슬픔도 세월이 지나면 무디어지고 치료된다. 마음의 상처 역시 그러하다. 벌써

상당한 세월이 흘렀다. 황량하고 냉랭하던 낙산사는 제법 녹음이 우거졌다. 몇 십 년 된 소나무가 심어지고, 그 땅에서 뿌리를 내리고 매년 새싹을 피우며 살고 있다.

흘러간 것은 돌아오지 않는다. 우리가 살고 있는 오늘은 과거 그 누군가 그토록 그리던 내일이 아니던가? 이 세상에 살아 이 땅을 향유하고 있음에 감사해야 한다. 살아 있음에 새롭게 거듭나는 낙산사의 모습을 목도하고 있지 않던가?

아무리 처참한 광경이 벌어진 상황에서도 기적이 있었다. 홍련암과 의상대다. 모든 전각이 불타 사라져 버렸음에도 불구하고 이 두 건물은 온전하게 남았다. 특히 불길의 중심에 위치하고 있었음에도 어떤 이유가 있었던지 사나운 화마는 홍련암의 털끝 하나 건드리지 않았다.

홍련암이 어떤 곳인가? 낙산사의 산내암자이지만 홍련암은 역사적으로 낙산사 창건의 모태가 된 암자다. 낙산사의 창건주인 의상대사가 관음보살의 진신을 반드시 친견하겠다는 서원을 세운 뒤 목숨을 건 구도 끝에 마침내 백의관음을 친견한 성스러운 관음성지다.

널리 알려진 창건설화는 홍련암에 산다는 유명한 파랑새와 관련이 있다. 관세음보살을 친견하기 위해 신라의 도읍인 경주에서부터 멀리 이곳까지 찾아온 의상대사는 파랑새를 만났는데, 새가 석굴 속으로 들어가는 모습이 기이해 굴 앞에서 밤낮으로 7일 동안 기도를 했다.

이윽고 7일 후 바다 위에 붉은 연꽃, 곧 홍련이 솟아나더니 그 위에 관음보살이 나타나 친견할 수 있었다. 그리하여 이곳에 암자를 세우고 홍련암이라고 이름 지었다. 푸른 새가 사라진 굴은 관음굴이라 불렀다.

홍련암은 우리나라 관음신앙의 시원지나 다름없다. 창건설화에서 나오는 파랑새처럼 우리는 저마다 꿈을 이루기 위해 기도하고 정진한다.

도저히 일어나지 않을 것 같은 신이한 이적이 일어난 뒤 홍련암은 365일 24시간 기도 소리가 멈추지 않는다. 인간의 힘으로 도저히 감당할 수 없는 도움을 받아 굳건히 도량을 지켜낸 홍련암 관음굴에는 분명 우리가 기도하면 이룰 수 있게 해 주는 관세음보살이 상주하고 있음을 사람들은 굳게 믿고 있다.

믿음만큼 강한 의지를 실현할 수 있는 방편이 있을까? 믿음이야말로 불가능을 가능하게 할 수 있다. 그 대표적인 것이 종교가 아닐까 싶다. 자신이 믿는 종교의 가르침에 대한 확고한 믿음은 흔히 금강석에 비유된다. 변함없는 것에 대한 믿음은 생사를 초월하기도 한다. 그래서 종교에 대한 믿음은 실로 엄청난 힘을 발휘하기도 한다.

반질반질한 화강암을 깔아 만든 해수관음보살상 앞 돌길에 신발을 벗고 서 본다. 발바닥에서부터 느껴지는 싸늘한 감촉이 심장으로 밀려든다. 동해의 바닷바람이 가슴에서 너울거린다. 촉감과 시각이 만나는 결절점에서 바라본 해수관음보살의 미소가 춥다. 아니다. 점점 따뜻해진다. 차가움이 어느새 뜨거운 그 무엇으로 전이되더니 뜨거운 심장의 피를 통해 솟구쳐 오른다.

사라진다고 해서 모든 게 영영 사라진 것이라 할 수는 없다. 우리가 보지 못하는 그 무엇들은 다시 우리 곁에서 당당하게 그 모습을 보일 것이다.

길

원래 길은 있지도 않았다.
누군가가 길을 가고
그 길을 다른 사람이 갔다.
그는 길을 가면서
'길이 생겼다'고 선언했다.

아직 여리디 여린 소나무들에 귀를 갖다 대어 본다.

"쏴아~"

바닷바람이 연신 귓속을 파고든다. 그 바람이 홍련암 관음굴로 스며든다. 꿈을 이루게 해 주리라는 믿음을 주면서 자그마한 길에 이름을 붙여 본다.

낙산사 해송 숲길.

세월이 흘러 사람들이 이 길을 가면서 다시 이름을 불러 줄 때는 어엿한 모습이 되어 있으리라. 그 길에서 많은 사람들은 또 새로운 꿈을 꿀 것이다.

걷 기 여 행 포 인 트

과거 노송으로 가득 차 있었던 낙산사를 생각하면 실망이 클 수 있다. 화마로 초토화 된 낙산사를 생각하고 찾아가면 괄목상대(刮目相對)할만한 풍경들을 볼 수 있다.

낙산사를 충분히 감상하려면 입구 주차장에서부터 걸어오는 게 좋다. '오봉산 낙산사'라는 일주문 양 옆은 다행스럽게도 화마가 피해간 지역이다.

이곳에는 장대한 해송이 밀림을 이루고 있다. 크고 작은 해송들이 저마다의 나뭇결대로 자라 자연스럽고 아름다운 풍광을 연출하고 있다. 5분 정도 해송숲을 지나면 우측에 낙산사 유스호스텔이 있다. 과거 불이 났을 때 임시 종무소로 활용했던 곳이다.

여기서부터는 초토화 된 낙산사를 재건한 곳이다. 홍예문을 지나 아래로는 새로 건축한 취숙헌과 선열당이 나오는데 조선시대 당시의 모습대로 복원했다. 좌측으로 오르는 원통보전 길에는 화마를 피한 소나무와 벗나무가 계절마다 푸르름을 더하고 예쁜 꽃을 피우며 위안을 준다.

원통보전에 도착하면 언제 불이 났던가 할 정도로 완벽하게 복원된 새 원통보전을 만난다. 건물의 복원은 놀랍지만 우측으로 난 해송 숲길에서는 화마의 흔적을 볼 수 있다. 수령이 십 수 년이 된 소나무를 옮겨 심었기 때문에 제법 숲을 이루고 있지만 과거 백 년은 넘었던 해송숲과는 규모가 다르다.

야트막한 숲길이라 해수관음보살상의 키가 유난히 커 보인다. 원통보전으로 향하지 않고 우측 아래로 걸으면 보타전이 나온다. 화마를 피한 몇 안 되는 건물 중의 하나다. 이곳에서 좌측 산으로 오르면 해수관음보살상으로 가고 우측 아래에 있는 연못을 지나면 의상대와 홍련암에 이른다.

홍련암은 낙산사의 시초가 되는 암자로 신이한 영험이 가득한 국내 최고의
관음성지 중 한 곳이다. 낙산사의 명성을 한몸에 받고 있는 홍련암에서는
법당을 참배하며 자신이 소원하는 바를 기원하면 이룰 수 있다고 한다. 낙
산사를 천천히 돌아보는 시간은 넉넉잡아 두 시간 정도 걸린다.

양 양 낙 산 사 는 …

낙산사는 강원도 양양군 강현면
전진리 55번지 오봉산 혹은 낙산
에 위치하고 있다. 대한불교조계
종 제3교구본사인 신흥사의 말사
다. 해변에 위치한 특이한 구조를
갖춘 사찰로, 우리나라 3대 관음
기도도량 중의 하나다. 낙산은 범

어 보타락가(補陀落伽)의 준말로 관세음보살이 항상 머무르는 곳이라는 의
미이다. 671년(문무왕 11) 의상대사가 창건하였다.

낙산사는 화재가 많이 난 사찰로 유명하다. 1471년(성종 2)에 용선전·영산
전·어제루·승당 등을 보수하였으나 4년 뒤 불탔고, 임진왜란 때 관음전
과 관음상·정취전·금불상이 모두 소실됐다. 이후 1631년(인조 9) 종밀스
님이 중창했고, 1643년 도원스님이 중건하였으며, 1905년 경은스님이 선당
과 후각 등을 복구하였다. 그러나 6·25 전쟁 때 전소되는 아픔을 겪었다.
최근에는 2005년에 산불로 화재를 입은 뒤 복원됐다.

하늘길

태 백 산　하 늘 바 다 에
범 선 이　떠　있 구 나

눈 덮인 들판을 가로질러 걸어가는 이여

함부로 난잡하게 걷지 말지어다

오늘 그대가 걸어가는 이 발자국은

훗날 뒤에 오는 이의 이정표가 되리니.

踏雪野中去　不須胡亂行

今日我行跡　遂作後人程

◉ 이양연의 시 중에서

　　옛날 수많은 스님들이 부처님 성지인 천축국(인도)을 찾아 목숨을 건
순례길에 올랐다. 혜초스님도 그렇게 하여 〈왕오천축국전〉이라는 불

후의 명작을 남겼다. 어떤 스님은 천축까지 배움의 길을 가기도 했고, 불법을 구하다 나이가 들어 돌아오지 못한 채 향수에 젖어 생을 마감하기도 했다. 또 어떤 이는 천축에 가 보지도 못한 채 어느 사막 위에서 열반에 들기도 했다.

그들을 떠올릴 때마다 이양언의 게송을 떠올리게 된다. '길을 가르쳐 주고 이끌어 주는 이'라는 뜻에서 부처님을 도사(導師)라 한다. 그러나 길을 가르쳐 주고 이끌어 줄 뿐 그곳에 이르는 것은 우리 자신일 수밖에 없다. 우리는 지금 어느 길 위에 서 있으며, 어느 길을 향해 나가고 있는지 자문해 봐야 한다.

봉화 각화사의 하늘길을 오르다가 문득 이 게송이 생각났다. 경상북도의 최북단인 봉화에 위치한 각화사는 산골 중의 산골에 위치한 독가

산사(獨家山寺)다. '하늘 아래 첫 동네' 같은 각화사는 태백선원이 유명하다. 우리 시대의 대표적인 선객(禪客) 중의 한 명인 고우스님(원로의원)이 주석하면서 선객들을 제접한 곳으로 널리 알려져 있다. 수년 전 흰 눈이 펑펑 쏟아지던 동안거 해제(解制) 날, 흰 눈썹이 흩날리는 고우스님을 만났다.

선사(禪師)를 찾아가는 길은 성가셨다. 영주에서 봉화를 거쳐 춘양으로 들어가는 길은 험하고 미끄럽고 추웠다. 태백산 준령의 끄트머리에 자리한 산사에 닿았을 때 코끝에 닿은 깨끗한 공기의 맛은 지금까지 잊을 수 없다. 태백산이 주는 선물이 아닌가 싶다. 흔히 '강원남도'라 부르는 봉화 영주 지역은 경상북도이지만 강원도 산간 지역 못지않은 오지(奧地)다. 거대한 금강송 군락에서 나오는 진한 솔숲 향기의 알싸한 바람이 나그네의 허파를 기분 좋게 자극했다.

사찰은 숲에서 불어오는 찬바람을 아무 불평 없이 고스란히 받아냈다. 세상을 살다보면 때로는 억울하더라도 상대방의 말을 그대로 받아들이는 게 나을 때가 있다. 세상사 얼마나 많은 것에 대해 시비를 가려낼 수가 있을까? 모든 일에 대해 일어나는 진실을 다 알 수 있을까? 스스로의 결백을 주장하는 많은 사람들 가운데 정말 진정으로 자신의 결백을 이야기하는 사람은 얼마나 될까? 혹여 자신의 잘못을 가리기 위해 덧붙이거나 가식을 붙여 이야기하지는 않는가?

백두대간에서 불어오는 칼바람을 받아내는 각화사는 이 진리를 말없이 보여 주고 있었다. 흘러내리는 바람을 있는 그대로 맞이하는 나무와 사찰의 전각들은 그래서 더욱 정겨웠다. 그 안에서 수행하고 있는 수행

자들의 마음도 올곧고 담백하다고 느낄 수밖에.

구름처럼 물처럼 바람같이 걸림 없이 떠돌며 참된 자아를 찾기 위해 참선 수행하는 이를 가리켜 운수납자(雲水衲子)라 한다. 구름이나 물이 그 어디에도 걸림 없고 막힘 없이 흘러가는 것처럼, 일체의 경계나 대상에 집착하지 않고 구름이나 물처럼 자유로운 심경(心境)으로 살아가는 수행자.

나도 한때는 그렇게 살고 싶었다. 구름같이 바람같이 세상을 주유하며 대자유를 만끽하는 수행자들이 숲을 이루는 곳에서 말이다. 대학 시절 선원(禪院)에 들어가 보름 동안 정진해 보기도 했다. 하지만 젊은 혈기만으로 이 길을 갈 수 없었던 게 내 운명이기도 했다.

20여 년을 훌쩍 지나 선사들과 만날 수 있는 일을 업(業)으로 삼고 있는 것이 행운이라면 행운이다. 2000년대 중반, 하염없이 내리는 눈길을 헤쳐 백설천국의 각화사에서 만난 고우선사가 들려 주던 법문이 빛바랜 취재노트에 빼곡하게 적혀 있다.

◉ 20여 명의 납자들이 동안거 동안 정진을 했는데 어떤 수행을 했습니까?

"부처 되는 경지를 증득하는 공부를 한 것이지요. 부처의 경지는 원래 갖춰져 있습니다. 행동하는 존재 원리가 부처의 경지이지요. 뭐가 있어서가 아니고 착각을 깨는 작업을 하는 거지요. 그 경지는 무돈무수(無頓無修)입니다. 그걸 철저하게 계승해 온 종파가 한국 선종입니다. 그래서 한국불교는 세계적인 종교라고 할 수 있습니다."

◉ 한국불교가 가장 세계적이라고 하셨는데 한국 선종의 특징은 무엇인지요?

"달라이라마도 틱낫한스님도 부족하다는 이야기가 아닙니다. 그 분들은 닦아야 증득할 수 있다고 하는데 한국 선종은 닦는다는 이야기를 하면 방망이를 맞습니다. 이것이 한국불교의 특징입니다. 이러한 수행 전통은 중국과 일본에서 꽃을 피웠는데 중국이나 일본에서는 이 전통이 사라졌습니다. 하지만 한국 선종은 잘 이어오고 있습니다. 전통선이 한국에 고스란히 남아 있는 셈이지요."

◉ 한국 선종은 간화선(看話禪)을 표방하고 있는데 그러면 한국선의 전통은 간화선을 의미하는 것입니까?

"선(禪)에 대해 본질을 이야기하면 꼭 화두에 드는 참선만 이야기하는 것이 아닙니다. 여기 기자님들이 카메라를 들기도 하고, 연필을 들고 쓰기도 하는데 선은 어디에서나 존재합니다. 존재 원리를 깨치는 일은 모두 선(禪)이라 할 수 있습니다. 요즘 일각에서는 간화선의 위기라고 하는데 이는 인류가 잘못하고 있다는 증거입니다. 선은 선사들만이 보호하고 계승하는 것이 아니고 모든 인류가 존재 원리를 깨쳐 잘 살면 선을 보호하고, 제 기능을 다하게 한다고 할 수 있지요."

◉ 잘 사는 것이 선(禪)이라고 했는데 그러면 왜 스님들이 15개월 동안 15시간씩 정진을 한 것입니까?

"불교를 제대로 체득하기 위해서 입선(入禪)에 든 것이지요. 선은 존재 원리를 설명합니다. 존재의 보편성, 사실성, 현실성을 인식하고 그 효능을 발휘하기 위함입니다. 구체적으로는 달과 손가락의 비유에서 손가락에 해당됩니다. 궁극에는 달을 보아야 한다는 말입니다. 본래 존재하면서 기능하는 달을 보아야 하지요. 달은 본래 완성돼 있는데 그걸 못 보고 손가락만 이야기하는데 원래의 달을 보아야 하는 것이지요."

◉ 본래의 자성을 깨닫는다는 것은 무엇을 말하는 것입니까?

"깨달음은 대상이 있는 것이 아닙니다. 불법이나 불성도 따로 있는 것이 아닙니다. 우리가 보고, 듣고, 느끼는 곳에 있지요. 우리 중생들은 그 속에 집착해서 그 자리를 못 보는 거지요. 부처님도 얻을 것이 없다고 했을 때 모든 것을 완성할 수 있었어요. 얻을 것이 있다고 생각했을 때는 모든 것을 잃었습니다."

◉ 그러면 불성이 있다고 생각하고 믿으면 깨달음을 얻는 것인가요?

"보고, 듣고, 말하는 곳에 불성이 존재합니다. 그것을 못 깨달으면 머리 위에 또 하나의 머리를 올려놓는 셈입니다. 깨달음이 없으면 무엇인가가 따로 있다고 생각하고 공부하는 데 장애가 발생합니다. 그래서 자기한테 불이익을 주는 이에게 증오감이 생깁니다. 깨칠 것이 따로 없다는 사실을 증득하면 자기한테 불이익을 주는 이에게도 연민의 정을 가질 수 있습니다. 저는 산문에 들어와 지금까지 살면서 정(正)과 사(邪)를 구분하는 안목은 있습니다."

◉ 정(正)과 사(邪)에 대해서 구체적으로 알고 싶습니다. 구분하는 방법이 있나요?

"사는 있다〔有〕, 없다〔無〕 하는 양 극단으로 사는 것입니다. 그래서 소위 '패거리'를 지어 나와 남을 분별하고 화합할 수 없는 싸움의 구렁텅이 빠지게 되지요. 저는 이것을 '부시형 인간'으로 이름 짓습니다. 우리가 정말 함께 잘 살려면 이런 유무의 분별을 떠나야 합니다."

내려오는 각화사의 돌벽 위로 올려다보이는 범종루의 기상이 예사롭지 않다.

"태백산의 하늘바다에 범선이 떠 있구나!"

사찰 앞으로 탁 트인 시계(視界)가 마음을 시원하게 쓸어내린다. '세상에 이런 곳도 있었구나' 싶다. 가까이 보이는 태백산맥 능선과 멀리 보이는 소백산맥의 준령들이 줄줄이 늘어서 있다. 가까이 보이는 것과 멀리 보이는 산의 명암이 다르다. 아랫마을 민가에서 피운 연기가 묘한 조화를 이루며 필경 '진경산수화'를 연상하게 한다.

어스름하던 경내가 이내 어두워졌다. 대웅전 아래에 위치한 범종루가 이제는 검은 덩어리로 보인다. 범선이 하늘바다에 떠 있는 것처럼 멋있어만 보이더니, 이 짧은 시간의 흐름 속에 어두운 그림자를 드리워 조금은 무섭게도 보인다.

세상의 모든 존재가 변하고, 마음의 움직임에 따라 다양한 감정으로 나타나 보이는 것이니 그럴 수밖에. 수시로 변하는 이 마음을 보고 우리네 중생들은 어리석게도 영원을 이야기한다. 무상하게 흘러가는 세월에 집착한다.

이 첩첩산중에 가득한 눈도 머지않아 녹아내리고 꽃 피고 새 울고, 녹음 우거지고, 단풍들 것인데, 이 한겨울의 꼭짓점을 잡고 영원하리라 믿는 건 어리석은 일일 터다. 하염없이 내리는 흰 눈은 태백선원에 가부좌를 한 선사의 흰 눈썹을 닮은 듯 성긴 번뇌를 녹인다.

태백선원

날선 고드름이 칼날로 변해
반야검을 휘두르는 선객들과
한바탕 노닐고 있구나!

걷 기 여 행   포 인 트

각화사는 태백산 정상에서 남쪽으로 100리나 내려와 좌청룡 우백호가 형성
돼 있는 천혜의 명당이다. 탄허스님이 와서 보고는 '오룡이 여의주를 다투
는 형국'이라고 했다. 인위적으로 만들어도 이렇게는 만들기 어려운 명당
인 셈이다.

마을 입구에서 태백산의 장중한 주맥을 따
라 가파른 길을 올라가야 제대로 된 걷기여
행이 될 터이나, 사찰 초입까지 자동차가
드나드니 편리함의 유혹을 뿌리칠 수 없다.
다만 사찰 경내를 드나들고, 산내 암자인
서암까지 산길을 걷는 수고로움을 지불한
다면 걷기여행의 맛을 더할 수 있다.
지금은 빈 터만 남아 있는 '태백산사고지
(太白山史庫址, 사적 제348호)'를 돌아볼 수도
있다. 1906년까지 태백산사고에는 실록이
보관되었으나, 1908년 일본 수비대가 기습
적으로 태백산사고에 불을 질러 소실되고
말았다.

첩첩산중 외딴길을 걸으며 장대한 역사를 보관하던 사고가 있었다는 사실
을 되뇌어본다. 각화사 길에는 외세에 의해 유린당한 아픈 역사의 상처도
더듬어 볼 수 있다.

경북 봉화군 춘양면 석현리 각화산(1176.7m)에 위치한 대한불교 조계종 제16교구본사인 고운사의 말사다. 그 유명한 적송나무, 즉 춘양목 소나무가 생산되었던 곳으로 태백산맥의 중심부에 자리하고 있다.

각화사는 686년(신라 신문왕 6)에 원효대사가 창건하였으나, 화재로 인하여 타버린 것을 고려 예종 때 계응스님이 중건했다. 1777년(정조 1)에는 이곳에 태백산사고를 지어 《왕조실록》을 보관했다. 일제에 의해 소실된 뒤 1926년에 달현스님이 이를 재중수했고, 근자에는 법주사 주지 노현스님과 대승사 주지 철산스님이 크고 작은 불사를 해 현재에 이르고 있다.

겨울길

느티나무 숲길

미 묘 한 차 한 입 에 머 금 고
서 해 바 라 보 며 번 뇌 녹 이 네

　　　　칼바람이 느티나무에 매달렸다. 서해 바다로부터 밀려오는 소리는 폐부를 파고든다. 소리만 들어도 알 수 있는 춥고 매서운 바람이다.

　　언제나 이런 바람을 만나면 군대 졸병 시절 생각이 난다. 산 하나를 넘으면 몇 도씩 주저앉았다. 수은주가 전국 최저를 가리켰던 강원도 화천 백암산. 그 영하 몇 도를 가리키는 숫자의 추위보다 더 추웠던 건 마음의 여유를 가질 수 없었던 군대라는 조직 때문이었다. 정확히 말하면 이등병이란 초라한 계급장이 주는 부자연스러움이었다.

　　정수사를 오르는데 문득 군 생활이 생각난 건 서해에서 불어오는 칼바람에서 '잉잉' 거리는 소리가 들렸기 때문이다. 애써 올라온 절 입구에는 벌거벗은 느티나무 나목(裸木)이 앙상한 가지에 바람을 흘려보내

고 있다. 바다와 섬을 끼고 있는 사찰은 유난히 바람과 추위가 기승을 부린다.

돌계단을 올라 경내에 들어도 바람은 잦아들지 않는다. 차가운 바위에 동전이 납작 엎드려 겨울의 추위를 고스란히 맞고 있다. 대웅보전 뒤뜰 여기저기에도 널려 있다.

"이 동전이 바위에 붙으면 바라는 소원이 이루어지이다."

언제나 이루고자 하는 바람은 많지만 모두 이룰 수 없는 게 중생들의 삶이다. 하지만 끊임없이 이루어지도록 바라는 것 또한 중생들의 삶이다. 이기심이 동전에 전이되어 싸늘한 바위에 눌러 앉은 추위가 금속성으로 울부짖는다. 알 수 없이 초라하게 느껴지는 동전 한 닢에 고달픈 중생들의 삶이 느껴진다.

추위를 멎게 해 준 피난처는 찻집이다. '바람이 이곳을 스칠 때' 찻집 이름에도 바람이 들어 있다. 차 한 잔으로 언 손을 녹이자, 얼었던 마음도 이내 녹는다. 차가 주는 특혜다.

정수사는 차와 인연이 깊다. 좋은 물이 있기 때문이다. 조선 초기 차인(茶人)으로 이름난 함허(1376~1433)스님이 마니산 남쪽 자락의 정수사를 중창하면서 대웅보전 서쪽 산신각 아래 바위틈에서 솟아오르는 석간수를 발견했다. 함허스님은 물맛이 너무 뛰어나자 '닦을 수(修)' 자를 '물 수(水)' 자로 바꾸어 정수사(淨水寺)라 했다. 함허스님의 〈산중의 맛(山中味)〉이라는 시가 이를 잘 말해 준다.

산은 깊고 골은 솟아 찾아오는 이 없어

해지도록 쓸쓸히 세상 인연 없어라

낮이면 한가히 산굴에서 나오는 구름을 보고

밤이면 시름없이 하늘의 달을 보나니

화로에 차 달이는 연기가 향기로운데

누각 위 푸른 연기 부드러워라

인간 세상 시끄러운 일 꿈꾸지 않고

다만 선열(禪悅) 즐기며 앉아 세월을 보내네

차의 달인으로 알려진 함허스님은 정수사 샘물을 예사 물이 아니라고 했다. 600여 년이 지난 오늘날까지도 내로라하는 차인들이 정수사를 찾아 서쪽 우물물로 차를 달여 마신다.

정수사는 함허스님과 관련된 이야기가 많다. 17세기에 저술된 강화의 읍지인 《강도지(江都誌)》에는 고려 말에 중원에서 건너온 함허스님이 이곳에서 수행했다고 한다. 그의 부인이 찾아와 모국으로 돌아가길 청했으나 돌아가지 않자 바다에 빠져 죽었는데, 각시바위가 됐다는 내용이 전한다.

중원(중국)에서 도를 닦기 위해 건너온 함허스님은 강화 땅 정수사에 도착하자 수행하기 좋은 명당임을 직감한다. 마니산에서 내려오는 산의 기운이 정수사로 흘러내리고 있고 계곡 역시 가히 신선이 노닐만한 곳이기 때문이었으리라.

해를 거듭할수록 함허스님의 수행력은 높아만 갔다. 하지만 고향에서 혼인을 했던 함허스님의 부인은 고려로 공부하러 떠난 남편을 하루하루

기다리다 지쳐만 갔다. 함허스님은 중원에서 한림학사(황제의 자문 구실을 하며 주로 조칙의 기초를 담당)로 있다가 바다를 건너 정수사로 온 것이다.

"잠시 공부하러 갔다 온다더니 왜 이리 연락이 없을까?"

기다리다 못한 부인은 이역만리 길을 찾아 나섰다. 우여곡절 끝에 강화도 정수사에 머물고 있는 함허스님의 소식을 접한 부인은 만나기를 청한다. 하지만 스님은 이미 수행의 경계가 깊어가고 있었고, 찾아온 부인을 만날 마음까지도 사라져 버렸다.

"세상사 모든 일, 물거품 같은 것이거늘……."

마니산 계곡에서 수행에 열중하고 있던 함허스님에게 정수사의 어린 동자승이 헐레벌떡 찾아와 말을 전했다.

"스님, 고향에서 부인께서 찾아오셨습니다. 어서 가 보시지요."

"무엇이라고?"

함허스님은 잠시 놀라는 눈치였으나 곧 눈을 감고 생각에 잠겼다. 그리고는 동자승에게 말했다.

"내가 몇 자 적어 줄 터이니 이 글을 그 부인에게 전해 주어라."

함허스님은 부인을 만나지 않는 대신 몇 글자의 편지를 썼다.

"태어난 자 반드시 죽고, 만나는 자 반드시 이별하게 되는 것이 세상 일이요, 인생이 아니겠소. 이별은 괴로운 것이요, 괴로운 이별을 하지 않으려면 처음부터 만남이 없어야 하는 것이란 걸 알았소. 또한 깨달음의 경지를 위해 정진하는 수행자가 된 이상 더 이상 부인을 만날 의미는 없어져 버렸소. 부디 야속하다 생각하지 마시고 고향으로 돌아가 주길 바라오."

그러나 부인의 생각은 달랐다.

"여자가 한 남자와 인연을 맺었으면 죽음이 둘 사이를 갈라놓을 때까지는 헤어질 수 없는 것이야."

부인은 곧 함허스님이 수도를 하고 있는 계곡으로 향했다. 산속 골짜기 넓은 바위 위에 남편이 눈을 감고 앉아 있었다. 부인은 절규하듯 말했다.

"당신의 마음은 이해하겠습니다. 그렇지만 저는 당신의 얼굴이나 한번 보고 떠나야겠으니 이쪽으로 얼굴 한번만 돌려 보세요."

그러나 함허스님은 부인을 만나면 지금까지 수행한 것이 물거품처럼 무너진다는 생각에 정과 망치를 들고 계곡 넓은 바위 위로 올라가서 거기에다 글자를 새기기 시작했다. 계곡은 산과 물이 묘한 조화를 이룬 빼어난 경치로 사람들이 흔히 동천(洞天)이라고 부르는 곳이었다.

"쩡! 쩡! 쩽!"

함허스님은 뒤를 돌아보지 않고 계속 망치질을 했고 그 소리는 계곡으로 퍼져 나갔다. 글자가 '함허동(涵虛洞)' 자까지 새겨졌을 때였다. 뒤에서 함허대사의 모습을 애처롭게 바라보던 부인이 소리치며 애원했다.

"수행하는 사람은 자기 부인도 몰라본답니까? 깨달음을 얻어서 무엇에 쓰려고 그러십니까? 정녕 당신 뜻이 그러시다니 저는 아주 먼 길을 떠나야겠습니다.”

부인은 정수사가 바라보이는 바다에 몸을 던졌다. 그때 갑자기 바다에서는 큰 물결이 일어나며 거대한 바위 하나가 솟아올랐다. 사람들은 그 바위를 부인의 영혼이 담겨 있다고 하여 ‘각시바위’라 부르기 시작했다. 지금도 계곡 바위에는 ‘涵虛洞天(함허동천)’이란 글자가 또렷이 새겨져 있다. 그리고 함허스님이 평생 수행했던 정수사 언덕에는 함허스님의 부도가 앞 바다의 각시바위를 바라보고 세워져 있다.

함허스님과 그의 부인과의 안타까운 별리(別離)는 신빙성이 결여된다. 불교를 배척한 당시 시대적 상황에서 각색된 허구에 그칠 수도 있다. 하지만 사실 여부를 떠나 민초들의 가슴을 울리며 끊어질 듯 전해지는 이야기는 애절하다.

세간과 출세간 사이의 슬픈 사랑이야기를 연모나 하듯 정수사에는 가을이 되면 사찰 초입 느티나무 숲에 황금색의 상사화가 피어난다. 사찰에 많이 자생하는 상사화는 꽃과 잎이 만나지 못하는 애틋함이 있어 세간의 여인을 흠모하다 죽은 수행자가 환생했다는 이야기를 담고 있다.

사연

무정한 세월 이야기
바위에 각인되고
이제는 부도 속으로 기운다.

그래도 못다한 사연
흐르고 흐르다
바다로 흘러
각시바위가 되었다.

세간과 출세간의
애틋한 한은 씨앗으로
환생하더니 어느 볕 좋은 가을
상사화로 피어나고 …

천 년의 사찰에 기대 서 있는
수만 년의 바위는
영겁의 침묵으로 서 있다.

　이 세상의 어떤 사랑을 비루하다 할 수 있을까. 저마다의 사랑은 애절하고 가슴을 오그라들게 한다. 누구나 대웅보전에 사시사철 활짝 만개해 있는 꽃창살처럼 행복한 사랑만 하고 싶다. 세인들은 설화에 전하는 내용처럼 홀로 바다에 빠져 각시바위가 된 부인의 연모의 정이 상사화로 피었다고 생각할지 모른다. 그러면서 저마다의 입을 통해 정수사 느티나무 숲에 피어난 황금색의 상사화를 보며 이렇게 말할지도 모를 일이다.

　"이 빌어먹을 지독한 사랑!"

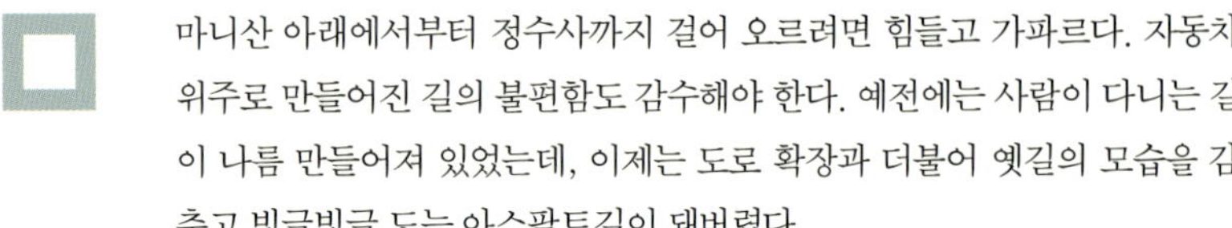

마니산 아래에서부터 정수사까지 걸어 오르려면 힘들고 가파르다. 자동차 위주로 만들어진 길의 불편함도 감수해야 한다. 예전에는 사람이 다니는 길이 나름 만들어져 있었는데, 이제는 도로 확장과 더불어 옛길의 모습을 감추고 빙글빙글 도는 아스팔트길이 돼버렸다.

정수사는 일주문도 사천왕문도 없다. 전형적인 산지형 사찰이다. 가파른 산비탈에 일주문을 세울 공간조차 모자라서가 아닌가 싶다. 그저 수령이 높은 느티나무가 입구에 도열해 일주문 역할을 하며 천년 고찰의 운치를 더해 준다. 느티나무는 사방에 흩어져 자라고 있다. 대웅보전 서쪽 바위 위에도 자라 바위를 감싸고 있다.

적당히 뿌리를 내린 느티나무와 글자가 새겨진 바위가 조화롭다. 그 아래에 찻물이 좋기로 유명한 우물이 있다. 전문가들은 정수사 물에 대해 "물은 맑고 차다. 칼슘·칼륨·규소 등 미네랄 성분도 풍부하다"고 했다. 혹자는 거문고의 무거운 저음, 자연의 소리와 화음이 되는 부드러운 가락의 물맛이란 뜻으로 '금운(琴韻)'이라고도 이름지었다.

남쪽 바다를 바라보며 지어진 찻집은 운치가 좋다. 유리창 너머로 보이는 경치는 겨울이면 겨울대로, 여름이면 여름대로 저마다 색깔을 잘 보여 준다. 좋은 찻물에 좋은 경치를 가진 찻집은 걷는 여행자의 피로를 말끔히 가시게 해 준다.

경내의 압권은 보물로 지정돼 있는 대웅보전이다. 대웅전 꽃살문은 모란과 장미를 꽃병에 담은 문양이다. 꽃살문은 가로살, 세로살의 빗살 위에 새기지 않고 꽃나무를 통째로 조각해 짰다. 보통의 창살처럼 연속적인 형태를 띠지 않고 화병에 연꽃이 꽂힌 형태로 조각되어 있다. 좌우 두 쌍의 문양이 대칭을 이룬다.

시간이 더 허락되면 함허스님의 부도를 찾아가 길 권한다. 정수사의 역사를 대변해 주는 대표적인 인물을 만날 수 있기 때문이다.

법당 동쪽 위로 나 있는 오솔길을 따라 몇 백 미터만 올라가면 소나무 몇 그루가 아담하게 서 있는 평탄지에 함허스님 부도가 자리한다. 강화 앞바다가 시원하게 펼쳐져 있는 곳에 서 있는 부도는 변형된 팔각원당형이다. 변형된 모습이 다소 부자연스럽고 엉성하다. 고려 말부터 조선 초기에 활동했던 스님이었으니 혼란스런 시대 상황처럼 부도도 복잡하고 미묘해 보인다.

강 화　정 수 사 는 …

인천광역시 강화군 화도면 사기리에 위치한다. 마니산 동쪽에 자리 잡고 있는 정수사는 보문사, 전등사와 함께 강화의 3대 고찰 중 하나다.

639년(신라 선덕여왕 8) 회정스님이 창건하여 정수사(精修寺)라 하였던 것을 1423년(조선 세종 5) 함허스님이 중창했다. 법당 서쪽에 맑고 깨끗한 물이 흘러나오는 것을 보고 지금의 이름으로 바꾸었다. 주법당인 극락보전은 보물 제161호로 지정돼 있다. 이 전각의 공포(栱包, 지붕 처마 끝의 하중을 받치기 위해 기둥머리 같은 데 짜맞추어 댄 나무 부재)는 건축 당시의 세부 건축 형식을 가장 잘 보여 주고 있고, 꽃살문이 아름답기로 유명하다.

—

장승길

돌 의 미 학 과 똥 의 미 학 이
곰 삭 는 아 주 오 래 된 절 집

터벅터벅 걷는 길. 혼자서 걸어가는 모습이 곧 우리네 인생이다. 홀로 왔다 홀로 가는 인생길은 궁극적으로 외롭고 쓸쓸한 혼자의 길이다. 사람들은 인생을 더불어 사는 것으로 착각한다. 그래야 덜 외롭고 쓸쓸하다. 하지만 엄연히 인생은 혼자 왔다 혼자 가는 길이다. 삶과 죽음은 각자가 주인공인 '모노드라마'다. 언제든 주인공은 한 명일 수밖에 없다. 그 한 사람의 인생은 개개인마다 다르고 유일무이한 인생이 된다.

이런 이야기도 있다. 세상을 살다 자기와 꼭 닮은 사람을 만나면 그 날이 그 사람이 이생을 끝마치는 날이라고. 같은 공간과 시간에서 자신과 똑같은 대상(환영)을 보는 '도플갱어' 현상 말이다. 대개 이런 환상은 무척 비참한 죽음에 이른다고 한다. 무슨 괴담 같은 이야기지만 삶에는

닮은꼴이 없으니 언제나 창조적이고 새로운 자신의 삶을 꿋꿋하게 헤쳐 나가란 말이다.

남원 실상사 길에 들면 여느 사찰에서 보지 못하는 세 가지 특별한 점이 있다. 그 첫 번째가 돌장승이요, 두 번째가 평지에 들어선 사찰 구조다. 세 번째가 아직도 유지되고 있는 생태 뒷간(재래식 화장실)이다.

사찰 입구에 돌장승을 만날 수 있는 사찰은 쉽지 않다. 내 기억으로는 나주 불회사가 기억나고 나머지는 폐사된 곳이거나 마을 입구 미륵불 정도다. 실상사에 가면 좀처럼 보기 어려운 돌장승 세 기를 한꺼번에 볼 수 있다. 밋밋한 모습이 아니라 아주 포스가 팍팍 살아나는 독특한 장승이다. 이름까지 새겨져 있어 소위 '족보'가 있는 돌장승이다.

사찰로 들어가는 다리인 해탈교를 건너기 직전에 몸통에 '옹호금사

축귀장군(擁護金沙逐鬼將軍)’이라는 글씨가 희미하게 남아 있다. 원래 이 곳에는 이 돌장승과 마주 보는 곳에 돌장승 하나가 더 있었다. 그런데 1963년 홍수 때 떠내려가 버렸다고 한다. 높이만도 약 3m로 보기 드물게 크다. 이 세상 어느 사람보다 큰 ‘돌사람’이다.

이 돌장승의 뜻을 해석해 보면 실상사와 깊은 연관이 있다. ‘옹호(擁護)’란 무엇을 보호한다는 말이다. “사찰을 보호한다”는 뜻이다. ‘금사(金沙)’란 중국 《삼국지》에 나오는 제갈공명의 진법으로 “여덟 개의 문을 만들어 두고 진을 친다”는 뜻이다. ‘축귀장군(逐鬼將軍)’이란 “귀신을 쫓아내는 힘센 장군”이다. 종합해 보면 실상사를 보호하기 위해 진을 치고 잡귀를 쫓아내는 장군이라는 말이다. 예전에는 마을 입구부터가 사찰 영역이었던 게 아닌가 싶다.

모습도 박력 있다. 수염을 땋아서 왼쪽으로 구부렸고, 벙거지 같은 모자를 썼다. 찌푸린 이맛살이며 콧등, 물안경을 쓴 듯 튀어나온 두 눈과 함께 주먹 같은 코는 벌름거리는 것 같다. 입술 밖으로 드러난 굵은 이빨과 길게 ‘팔(八)’ 자 형으로 튀어나온 송곳니가 눈길을 끈다. 목에는 힘을 준 듯 힘줄이 솟아 있다. 돌을 쪼는 석수장이가 최대한 사찰을 보호하기 위해 힘이 센 장수의 모습으로 만들었다.

괴로움이 가득한 이 세상에서 영원한 복락을 누리는 피안의 세상으로 건너는 기분으로 해탈교를 건넌다. 얼마나 많은 사람들이 이 길을 건넜을까? 건너지 않으려 해도 건너야 하는 길이 삶에서 죽음으로 가는 길이 아니던가? 이 세상에서 올곧게 살다가 해탈교를 건너 피안의 세상을 건너가는 이상적인 길이지만 모두가 그런 길을 간다고는 볼 수 없으리라.

이 세상을 사는 동안 좋은 일을 많이 해 공덕을 많이 쌓아야 한다. 가져갈 것 하나 없는 이 세상에서 말이다. 어느 학자가 말하길 "저 세상에 가면서 '껄껄껄' 하며 후회한다. 첫째가 베풀며 살 껄, 둘째가 용서할 껄, 셋째가 재미있게 살 껄"이라고 했다. 수긍이 된다.

해탈교를 건너면 돌장승 두 기가 마주 보고 서 있다. 왼쪽 나무 밑에 있는 것이 대장군(大將軍)이고, 마주 보고 있는 것이 상원주장군(上元周將軍)이다. 대장군(大將軍) 받침돌에는 '옹정삼년을사삼월입동변(雍正三年乙巳三月立東邊)'이라 새겨져 있다. 돌장승을 옹정 3년 을사년 3월에 세웠다는 이야기인데, 옹정 3년 을사년은 영조 1년(1725년)이다. 사람으로 치면 300살 가까이 나이를 먹은 셈이다.

높이는 2.5m, 숱이 많아 보이는 수염은 옹호금사축귀장군처럼 왼쪽으로 구부러져 있다. 미간 위쪽에는 불상의 백호와 같이 둥글게 도드라져 있다. 눈썹을 치켜들어 한껏 사납게 보이며, 비뚤어진 입은 삐죽거리며 조소하는 듯하다. 이마와 코, 입을 가르며 돌 위로 줄이 나 있어 마치 얼굴에 칼자국이 난 것처럼 꽤 무서워 보인다. 이 장승들도 내게 "껄껄껄 하며 이 세상을 하직하지 말고 잘 살아라"고 눈을 부릅뜨는 것 같다.

그 앞에 서 있는 상원주장군(上元周將軍)도 높이가 2.5m 정도다. 몸통에 '신해년오월(辛亥年五月)'이라 새겨져 있어, 마주 보고 있는 대장군보다 6년 뒤인 1731년에 세운 것으로 추정된다. 눈알이 동그랗게 튀어나왔고, 역시 미간 사이에 대장군처럼 백호로 보이는 동그란 점이 새겨져 있다. 턱수염은 세 갈래로 나뉘어 있으며, 가운데 수염은 오른쪽으로 구부러져 있다. 점잖으면서도 무서운 인상이다. 역시 내게 무슨 말을 하려는 듯 우악스럽다.

　모두 큼직하고 정교하게 만들어진 돌장승들의 모습은 조금씩 다르고 한껏 험상궂은 표정을 하고 있지만 자세히 보면 그렇지가 않다. 마치 동네 일 잘하는 머슴의 모습이다. 그래서인지 친근감이 간다. 내 마음과 같았는지 신경림 시인은 〈실상사의 돌장승〉에서 이렇게 표현했다.

지리산 산자락

허름한 민박집에서 한 나달 묵는 동안

나는 실상사의

돌장승과 동무가 되었다.

그는 하늘에 날아 올라가

노래의 별을 따다 주기도 하고

물속에 속꽂이해 들어가

애기의 조약돌을 주워다 주기도 했다.

헐렁한 벙거지에 퉁방울눈을 하고

삼십 년 전에 죽은

내 삼촌과 짝이 되어

덧뵈기춤을 추기도 했다.

여름 산이 시늉으로 다리를 떨며

자벌레처럼 몸을 틀기도 했다.

왜 나는 몰랐을까

그가 누구인가를 몰랐을까.

문득 깨닫고 잠에서 깨어나 달려가 보니

실상사 그 돌장승이 섰던 자리에는

삼촌과 그의 친구들만이

퉁방울눈에 눈물을 그득 담고 서서

지리산 온 산에 깔린 열나흘 달빛에

노래와 애기의

은가루를 뿌리고 있었다.

실상사의 특별한 또 하나는 친환경적인 생태 뒷간이다. 옛말에 "밥은 남의 집에서 먹어도 똥은 집에 와서 누라"는 말이 있다. 그만큼 똥이 중요시되던 농경사회에서의 금언이다.

실상사는 잃어버린 똥의 생태 구조를 회복하기 위해 노력하고 있는 사찰이다. 어느 책에서 본 기억이 있다. 제주도의 밀감 한 개에 포함돼 있는 비타민의 함량이 과거에 비해 현격히 낮아졌다고 한다. 또 과거 섬에서 나오던 시금치에 들어 있는 비타민 함량도 마찬가지란다.

이유는 화학비료로 인한 땅의 산성화 때문이다. 아무리 보기 좋아도 유기농으로 키운 작물에 비할 수 없다. 요즘 겨울철이나 여름철을 가리지 않고 출하되는 들깻잎을 먹어보시라. 과연 거기에는 향이 있던가? 일전에 전국에서 들깻잎 생산 1위를 자랑하는 밀양에 가 본 적이 있다. 저녁 늦게도 비닐하우스에 불이 켜져 있어 물어 보았더니 들깻잎을 키

우기 위해 밤낮으로 전깃불을 켜 놓는다고 했다. 비닐하우스도 모자라 그곳에 불까지 켜고, 겨울에는 바닥에 전기코일을 넣어 키워 낸 들깻잎에 과연 얼마나 많은 영양소가 들어있을까?

생태 뒷간의 모양은 얼기설기 엮은 나무 벽에 틈새가 벌어진 조립식 건물로 멀리 지리산의 주봉인 천왕봉을 보고 서 있다. 낮은 나무문을 열고 들어가 용무를 해결하다 보면 선득선득한 바람이 볼기와 엉덩짝을 스친다. 가만히 앉아 있으면 지나가는 사람들의 표정까지도 훤히 보인다. 문득 인간의 미래를 훤히 내다보는 혜안도 열리지 않나 착각이 든다.

실상사 생태 뒷간은 겉보기에는 냄새가 날 듯하고 허술하다. 하지만 생각만큼 냄새도 나지 않고 청결하다. 이곳은 실상사를 실상사답게 해 주는 삶의 지혜가 담긴 '생명 되살림의 공간'이다.

나무를 얼기설기 엮어 만들어서 바람이 잘 통하고 아래가 열려 있는 실상사 생태 뒷간은 냄새나는 불결한 곳이 아니다. 정화해야 할 쓰레기가 쌓이는 곳이 아니라 유기농 농장에 꼭 필요한 자원을 생산하는 공

장이다. 오줌과 똥을 서로 분리하여 받아내고 밑에는 발효를 돕는 나뭇잎과 겨나 지푸라기, 흙을 넣어 냄새도 나지 않는다.

도시의 수세식 화장실에서 성인 남자가 하루 평균 분뇨 처리에만 1.8ℓ 짜리 페트병 60개 정도의 물을 사용한다. 그에 비하면 이곳은 강과 바다를 오염시키지 않으면서 다시금 사람들이 먹는 쌀과 반찬이 자라나도록 돕는 영양분을 생산하는 거름 공장이다. 더할 나위 없는 생명의 순환을 생생하게 보여 주는 장소다. 도시의 수세식 화장실에서 용무를 끝내고 물을 내릴 때마다 자신이 지금 강물을 더럽히고 있다는 죄책감을 실상사 생태 뒷간에서는 더 이상 가지지 않아도 된다.

생태 뒷간에서 적당히 발효 숙성된 똥은 배추와 무를 키워 다시 사람들의 입 속으로 들어간다. 세상을 오염시키지 않는 완벽한 순환농법이 실현된다. 우리가 가장 더럽다고 생각하는 '똥'에서 가장 유익한 거름이 생산되고, 그 거름이 우리가 먹을 농작물을 키워 낸다. 그것을 먹은 사람은 다시 똥을 배출해 인간이 먹을 거름을 만든다. 친환경 순환농법의 핵심라인이다. 이야말로 환경을 오염시키지 않는 완벽한 생태농법이다.

이 농법은 옛날 우리 조상들이 실천해 왔던 방법이다. 하지만 인구가 늘어나고 먹을 것이 모자라고 인간의 욕망이 늘어남에 따라 대규모의 먹을거리를 생산하게 되면서 실천이 어려워졌다. 그래서 대규모의 유기농법을 버리고 화학비료와 농약 등을 활용한 대량 생산체제를 이뤄 부족한 먹을거리를 해결했다. 먹을 것은 많아졌지만 그 먹을거리에 대한 안전성은 의심받고 있다.

실상사의 이 작은 생태 뒷간이 우리에게 주는 메시지가 있다. 불교에서 말하는 '소욕지족(少欲知足)'이다. "적은 것 속에 만족이 들어 있다"는 말이다. 어쩌면 불교가 추구하는 이상이 아닌가 싶다.

대규모 소비를 지향하는 자본주의적 생산 양식은 결국 우리가 사는 환경을 오염시키고 파괴할 수밖에 없는 구조를 가지고 있다. 불교의 가르침은 이러한 방식에 반기를 든다. 인간의 무한한 욕망에서 나오는 무한정한 생산의 방식보다는 생명을 보호하고 환경을 지키는 순환적 생태관을 통해 평화를 추구한다. 그 시범을 실상사는 여실하게 보여 주고 있다.

우리가 더럽게 여기는 똥이지만 우리 몸에 아주 유익함을 얼마나 알까. 그 똥이 순환적 생태구조가 되어야 건강할 수 있다는 사실은 원리가 전도된 인간의 사고를 말해 준다.

불교의 진리도 인간세상은 서로 연관된 인드라망 그물코처럼 되어 있는 연기적인 세계관을 설파한다. 홀로 살겠다고 아등바등하는 이기적인 사람들의 생각과 대별되는 진리다. 실상사 돌장승길은 말한다.

"행복하길 바라는가. 그러려면 더불어 함께 세상을 살아가라."

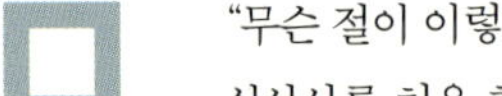

"무슨 절이 이렇게 밋밋해."

실상사를 처음 찾는 사람들이 하는 말이다. 지리산 한컨 수만 평의 논 한가운데 자리하기 때문이다. 실상사의 가람 배치는 평지형으로 넓은 평야 가운데 자리 잡고 있다. 너른 들판은 여름이면 새록새록 벼가 자라는 초록바다가 되고 실상사는 마치 그 바다 속의 섬처럼 보인다. 가을이면 벼가 익어 황금물결 일렁이는 그 속에 보물선마냥 흔들리며 있다. 겨울이면 벼 베인 휑한 들판에 무상(無常)한 모습으로 있다. 그리고 다시 봄이면 아지랑이 피어오르는 너른 들판 한가운데 마치 신기루처럼 서 있다.

실상사는 '최초'라는 수식어가 많이 따라붙는다. 우리나라 선문의 효시인 '구산선문'은 이곳 '실상산문'에서부터 시작됐다. 실상사는 구산선문 최초의 사찰이다. 사찰 안팎에 화려하고 고색창연한 경관은 없지만 곳곳에 문화재가 산재해 있어 천년고찰의 역사를 말해 주고 있다.

한 시간 정도 걸으면 다 볼 수 있지만 실상사에서는 여러모로 한국불교의 미래를 밝힐 사업이 많이 진행되고 있으니 이를 잘 살펴보길 권한다. 불교의 연기사상을 교육이념으로 삼은 중고등 과정의 학교인 '실상사 작은학교'와 '화엄학림' '대안학교' 등도 있어 실상사를 돌아볼 때 눈여겨 볼만하다.

전라북도 남원시 산내면 입석리 50번지에 위치한 대한불교조계종 제17교구본사인 금산사의 말사로 지리산 북쪽 기슭에 위치하고 있다. 통일신라 828년(흥덕왕 3) 증각대사 홍척이 창건하였으며, 제자 수철대사와 편운대사도 이 절에서 배출되었다. 조선시대 정유재란 때 화재를 입어 200여 년 동안 폐허로 남아 있었다. 숙종 때 중건했으나 고종 때 화재를 입어 작게 지은 것이 현재의 모습이다. 현존하는 건물로는 보광전·약사전·명부전 등이 있다.

중요문화재로는 백장암 3층석탑(국보 제10호), 실상사 수철화상능가보월탑(보물 제33호)과 탑비(보물 제34호), 실상사 석등(보물 제35호), 부도(보물 제36호), 실상사 3층석탑(보물 제37호), 증각대사응료탑(보물 제38호)과 그 탑비(보물 제39호), 백장암 석등(보물 제40호), 실상사 철조여래좌상(보물 제41호), 백장암 청동은입사향로(보물 제420호), 약수암 목조탱화(보물 제421호) 등이 있다. 전북 지역 사찰 가운데 제일 많은 문화재를 간직하고 있으며, 절 입구에는 상원주장군(중요민속자료 제15호)을 비롯한 석장승들이 있다.

사색의 숲길을 걸어 나오며

숲길을 나오니 한층 성숙해진 듯하다. 천년사찰 천년숲길이 내게 준 커다란 선물이다. 천 년의 숲은 나를 되돌아 볼 수 있는 시간을 만들어 주었다. 힘들 때는 위안도 주었다. 많이 변화되는 모습도 보았다.

변화의 모습은 어쩌면 당연한 것이다. '생성된 것은 모두 변하기 마련'이라는 제행무상(諸行無常)의 진리가 엄연하니 말이다. 같은 사찰 같은 숲길을 걸을 때마다 느낌이 다른 것은 그 때문이리라…….

글을 쓰기 위해 부지런히 다녔던 숲은 언제나 시시각각 다른 모습으로 다가왔다. 하지만 천 년의 세월 동안 유지해 온 자태와 인간을 품어 주는 넉넉함은 여전했다. 영겁의 흐름 속에 살았던 선지식들과 대화하며 나를 갈고 닦는 시간이 이어졌다. 내 마음은 어느덧 치유되고 있었다.

다시 천 년의 사찰과 천 년의 숲길을 찾아 나선다.

산새가 나를 반기고, 바람이 나를 반기고, 물소리가 나를 반긴다. 내 몸 속에 꿈틀거리는 세포가 먼저 반응하며 모근을 세운다. 나는 무조건 반사로 이 행복한 숲길 걷기에 나서지 않을 수가 없다. 운명 같은 인연이다.

그 길에 봄이 오고 여름이 오고 가을이 오고 겨울이 올 것이다.
그 길에 봄이 가고 여름이 가고 가을이 가고 겨울이 갈 것이다.

그렇게 천 년의 세월이 흐를 것이고, 천 년의 이야기는 사찰과 숲에 켜켜이 쌓일 것이다. 또다시 사람들은 이 숲길을 걸어가면서 그들의 새로운 꿈의 실현을 위해 마음을 다잡을 것이다.

2012년 6월이 저무는
자유로 일몰을 바라보며

천년사찰 천년숲길

1판 1쇄 발행 2012년 7월 10일
1판 2쇄 발행 2012년 12월 10일

지은이 | 여태동
펴낸이 | 이태호
펴낸곳 | 클리어마인드

출판등록 제 300-2005-54호
주소 | 서울시 종로구 수송동 58 두산위브파빌리온 736호
전화 | (02) 2198-5151
팩스 | (02) 2198-5153

ⓒ 여태동, 2012

ISBN 978-89-93293-31-9 03220

값 19,000원